仏は叫んでいる

田中教照
TanakaKyosho

武蔵野大学出版会

はじめに

この本は講演集です。武蔵野大学、かつての武蔵野女子大学に昭和五十一年に奉職以来、伝統ある学校法人武蔵野女子学院の日曜講演会、今日では武蔵野大学日曜講演会と名のっていますが、そこで数度にわたって講演の機会を得、私見を語らせてもらいました。それをこの度まとめて一冊の本にしてもらうことになったのです。

題を『仏は叫んでいる』とさせていただきました。叫ぶなんて、ちょっと大仰な題に思われる方もあろうかと思います。また、仏さまは仏像のように、もの静かに鎮座ましまし、あるいは立ちつくされているのであって、叫ぶなど品のないことはなさらない、と思われている方もあろうかと存じますので、これについて少し想いを述べておきましょう。

仏さまは、親鸞聖人によれば、「色もなく、かたちもましまさぬ」、目にみえないはたらきといわれています。ダイナミックに動いてはたらいておられる存在なのです。それをことばに表現してみた時、「叫んでいる」といってもいいのではないかと思った次第です。

親鸞聖人も「招喚」という表現をなさっています。阿弥陀仏は私どもを招き呼んでおられる、とおっしゃるのです。呼ぶといっても、単に声をかけるというのでなしに、喚、つまり、「叫喚」の意に解しておられるので、大声で叫ぶ、というのです。仏さまの声はおだやかに、物静かに諭すがごとくに語られる声という印象があるかも知れませんが、招き寄せるために大声を発しておられるというのが実際だということです。そこで、『仏は叫んでいる』という題にさせていただきました。では、何故、仏さまは大声を発せられるのでしょうか。それは、わたくしどもが無明、すなわち、自分のことについて何も知らずに、自らを破滅に導く方向へと突き進んでいるのが仏さまには明らかに見えてしまったからでしょう。あたかも、赤ちゃんが何も知らずにストーブの火の方へどんどん近づいて行くようなものでしょう。それを見た親が穏やかな態度でいられるはずはありません。飛んでいって引き戻すでしょう。それも、危ない、と大声を挙げて。まさに、わたくしどもは呼び止めなければならない存在なのです。

知らないことの危険を叫ぶことで回避させようというはたらきが仏さまのはたらきといえないでしょうか。少なくとも、親鸞聖人はそう受け止められています。念仏とはそういうものなのだということです。念仏のなかに、そういう必死な語りかけを感じ取るべきだと思ってこのような題をつけてみた次第です。

講演のまとめ集であるために、重複する箇所も多々あり、他方、脈絡のない文も多く、読みづらいことと存じます。その点はお許しください。そして、いささかでも、仏さまの御はたらきを感じてくださることがありましたら、望外の喜び、これに過ぎるものはありません。

最後に、この書の発刊をお勧めくださり、最後まで編集の労を惜しまれませんでした芦田頼子氏に、氏のご熱意なしにはこの書は成らなかったことを証し、深甚の謝意を表します。

平成二十年一月

著者識

仏は叫んでいる◉目次

第二章　善人の罪

第三章　菩薩を仰ぐ――親鸞聖人とその妻

第一章

仏は叫んでいる

知ることの意味

「南無阿弥陀仏《なもあみだぶつ》」というのを、私たちはただの念仏《ねんぶつ》というふうに考えているかもしれませんけれども、親鸞聖人《しんらんしょうにん》（鎌倉初期の僧で、浄土真宗の開祖。一一七三―一二六二）というお方は、この「南無阿弥陀仏」を「仏《ほとけ》は叫《さけ》んでいる」と受け取られました。仏というのは阿弥陀仏《あみだぶつ》のことですが、阿弥陀仏が叫んでいる姿が「南無阿弥陀仏」なのだと、私たちは受け止めたらよろしい、受け止めるべきだと親鸞聖人がおっしゃっているのであります。

阿弥陀仏さまが叫んでいらっしゃる、だれに向かって叫んでいるか――この私に向かって叫んでいる、こういうことであります。

日本人は、仏さまというとあまりよくわからない。みなさんも「仏さんとは何じゃい」と問われるとわからないという。そこで少し私たちの日常の言葉に寄せて申し上げますと、仏というのは一切知《いっさいち》ともいうのでございます。一切知者、すべてを知る者ということですね。

どうも日本人は、神さま、仏さまというときには、それは何か私たちにお恵みをたれてくれる慈悲の者というふうに感じている人が多いのでございますが、根本のところはどこにあるかというと、一切を知っている者、すべてをよく知っている者ということなんですね。ですから、私たちは、仏さまというものを拝むときには、すべてのことをお見通しであるお方というふうにいただくべきなのであります。ところが、日本人というのは、知性というものに対してあまり尊敬の気持ちをもっていない、そしてこれが実にけしからんところだと私は思っているんです。

大学というところは、知性を磨くところなんですが、大学に来て知性を磨こうなんて思っていない学生がたくさんいるわけです。みなさま方も、大学を卒業した者は知性が磨かれた者というふうに見ていないところがある。日本人はどうも、知性があるかないかということが人間にとって非常に大事なことなのだと思っていないふしがある。その証拠に、みなさま方にちょっと今からご質問しますが、悪いと知って悪いことをする人と、悪いと知らずに悪いことをする人と、どっちが罪が重いでしょうか。

たいていの人が、悪いと知っていながら悪いことをする人のほうが、悪いと知らないで悪いことをする人よりも、罪が重いというはずです。だけど、今いいましたでしょう、知性を重んじるということは、無知ということがいかに罪が重いかということを知ることなのです。悪いことをしたかしないかよりも、悪いと知っているか知らないかということのほうがより大事なんだということです。それがわからないと、知性を重んじたことにならない。仏法というものは、知っているか知っていないかということが大事なんです。そこが日本人はわかっておりませんから、仏教も少しおかしくなってしまう。

理屈を申しますと、悪いと知っていて悪いことをするほうが罪が重いと考えている人は、悪いと知ったら悪はすぐやめられると思っているからです。そして、悪いと知らないで悪いことをしている人は、知らないからやむをえないと許しているわけですね。

だけど、本当にそうですか、みなさん、悪いと知っていることはやめられますか。やめられるのなら世の中からたいていの悪はなくなっているはずです。ところが、なくならない。悪いとわかっていながらやっている人がたくさんいるからです。たばこは体に悪い、みんな知っている、知っているけどやめられない……ほかにもありますね、つい度を過ごしてしまい、あとで後悔するけど、また同じことを繰り返す。わかっちゃいるけど、やめられない。

つまり、人間は、悪いと知ったらやめるというほど単純じゃない、悪いと知っていても悪いことをしたがるのが人間だということです。そのことが日本人には見えていない。だから、日本人の人間を見る目は非常に浅い。自分自身に対する自己反省も非常に甘い。人間は悪いことと知れば悪いことをしなくなるのではない、悪いことと知っていても悪いことをするんです。

そこで、同じ悪いことをする場合、知ってするのと、知らないでするのと、どっちのほうが罪が重いですか。お釈迦《しゃか》さまがおっしゃるには、悪いと知って悪いことをする人は、せめて親の命《めい》日《にち》ぐらいはやめるだろう、悪いことばかりおれはやっているけれども、きょうは親の命日だから、きょうぐらいはちょっと控えようかなと思うというんです。ところが、悪いと知らずにやっている人は、悪いという自覚がありませんから、やめようという気も起こらない。だから、悪いと気づくまでずっと際限なくやり続ける。そこのところを私たちは見極めていかないといけないよ、ということを仏教は教えている。ここが仏教は智慧の宗教といわれるゆえんです。

無知のこわさ

知性ということ、知るということがとても大事なのにもかかわらず、日本人が無知を無罪放免にしているために、日本人の行動からは責任感が出てこない。

国会の証人喚問で私たちは過去に何度も耳にしましたね、「知りませんでした、記憶にありません、忘れました」。こういえば、日本人は、自分がやったことが全部水に流されると思っているようですが、そうじゃない。知らないということがいかに責任上問題があるかということを、私たちが厳しく問い詰めていかない限り、責任ある行動というのはどこからも出てこないんです。知らないでなんとなくそうなっちゃったんですよ、私の責任じゃありませんといったら、だれが責任をとるんですか。会社組織の中でも、平社員の人は重要なことについて知らなくてもいいでしょう。だけどトップは、よく知っていなければ、責任が果たせませんから、情報が集まる仕組みになっている。その会社のトップが「知りません。記憶にありません」というようなことでは、責任はとれませんよということですね。

その無知ということを、仏教では「無明《むみょう》」といいます。親鸞聖人の『浄土和讃《じょうどわさん》』には、

「無明《むみょう》の大夜《たいや》をあはれみて
法身《ほっしん》の光輪《こうりん》きはもなく

無碍光仏《むげこうぶつ》としめしてぞ
安養界《あんようかい》に影現《ようげん》する」

と述べられています。無碍光仏というのは阿弥陀仏《あみだぶつ》の異名《いみょう》ですが、こういうふうに親鸞さんがおっしゃっている。阿弥陀仏というお方は、無明の大夜、無知無明の闇の世界の中に生きている私たちを憐れんで、法身の光輪――光というのは智慧《ちえ》の象徴でありますから、智慧のある人はよくものが見える、ものを見通すことができる、先が見えるということですね。智慧のない人は先が見えませんから、明日の百より今の五十がいいというふうにいうわけですが、先が見えれば、今日の五十よりは明日の百のほうがいいとなるわけですね――智慧そのものの姿の阿弥陀仏が、無碍光仏というお名前を名乗って、安養界に現れてくださった。安養界とはお浄土のこと。その浄土の世界に阿弥陀仏が現れてくださったということですね。

阿弥陀仏というお方が浄土の世界になぜ現れてきたのかというと、それは私たちが無知の世界に生きていることを憐れんで現れて来られたのだということですから、阿弥陀仏は私たちに向かって存在を明かし、私たちに向かって叫んでいるということです。なんと叫んでいるかといったら、私たちの毎日の生活が無知無明、無知なる世界を生きているぞ、それは悲しいことだな、このままではたいへんだぞ、というふうに思って叫んでいるということですね。

無知無明についてもう少しくわしく見てみましょう。私は無知な人間ですということがわかっている人は、「半解《はんげ》」といいまして、半分智慧があるんです。私は愚かでございますということがわかったら、いいところまで智慧がついているんですね。そして私は愚かじゃございませんと思っているのがいちばん無知な人なんです。何が無知かって、自分の愚かさに気づかないほどの無知はないわけですからね。だから私は「善人は罪人だ」というんです。善人というのは、自分の罪がわからないから自分は善《よ》い人だと思っている、自分が悪いことをしていないと思っているから善人なんですね。私にいわせれば、自分の罪に対して無知だから、善人といえるのだと思う。自分が善いことをしているから善人なんじゃなくて、悪いことをしているということに気がついていないから善人でいられるんです。

ここにいる人で、一年三百六十五日、だれにも迷惑をかけなかったと断言できる人は一人もいないと思いますけれども、もしいたら、それは迷惑をかけていることに気づかずに知ら無いだけ、要するに無知《むち》で、事実を認めようとしていないだけなんですよ。ですから、いかに無知無明ということが恐ろしいことであり、私たちの生活を危《あや》ういものにしているかということですね。人間の無知、人間の愚かさというものは、まず第一に自分自身に対して愚かですよ、そうお釈迦さまはおっしゃっているわけです。人間は、自分のことはいちばん自分が知っているように思っているけれども、実は自分がいちばん自分のことを知らないよと教えてくれています。それが「無明」という考え方です。

私たちは無知といいますと何も知らない真《ま》っ白《しろ》けのように思うんですね。そして「ああ無邪気《むじゃき》だな」、真っ白けだから邪気《じゃき》が無《な》いと思っている。ところが、無知無明というのは、決して真っ白けじゃないんですよ。お釈迦さまは妄想顚倒《もうそうてんどう》とおっしゃっていますから、逆転現象を起こしている世界が無知無明の世界なんです。何も知らないからこそ、私たちはあべこべ逆さまな、いろんな思いが勝手に自由自在に出てしまうんです。事実を知らない人ほど根拠のないこと、いい加減なことをまことしやかにいってしまうんですよ。みなさんも事実にもとづかないとまことしやかな話に乗っちゃうことになる。

日本人がいちばんうわさ話が好きだといわれていますが、それは無知を容認するからです。本当のことを知っていたら、そんなうわさ話は実にばかばかしいことに気づきます。あんなばかばかしい話に耳を貸している暇はないというふうになるはずなんですけど、事実を知ろうとしない、つまり知性というものを持とうとしない人間は、うわさ話もほどほどに真実じゃなかろうかと思ってしまう。これはもう妄想でございます。そこに私たちの無明《むみょう》の姿があるわけです。だから、無明というのは、なんにも知らない、なんにもわからない真っ白けじゃないんです。まったく事実にもとづかないからこそ勝手なことを考えてしまう。その勝手なことを考えて勝手なことを言うことが、またいかに人を傷つけるかということに気がついていないんです。みなさんの勝手なうわさがぐるぐる回って本人のところにいって、本人はそれで傷ついているのですけどね。それをみんな知らないでいるわけですよ。無知な人ほどうわさ話が好きで、そしてそのうわさ話が本人をどれだけ傷つけているかということに対して、責任をとろうとしないわけですよ。

それはどこに問題があるかといえば、無知を放任しているからです。無知ということが、いかに人間にとって大きな問題であるかということを真剣に考えようとしていないからなんですね。無知ほど恐ろしい罪はないと、もっと日本人は気がつかなきゃいけないんです。罪というのは人を傷つけるということですね。だから、無知を放任することほど人を傷つけることはない。このことにもっと私たちは気がつかないと、嘘《うそ》で固めたような人生になってしまうし、人に対しても平気で嘘をつくようになっていくわけですよ。日本人は、だいたい無知の世界に自分の身を置くんですね、そして、知らなかったから悪くないというのです。

厳しく見る

しかしみなさん、知性の世界は真実の世界、事実の世界であります。事実の世界というのは、これはなかなか厳しいものなんです。真実・事実というのはそんなに甘いものではございません。知性にもとづくということは、非常に厳しい真実・事実を自分が引き受けるということです。それがなかったら知性の意味はない。

たとえば、癌《がん》告知の問題だってそうですね、「あなたは癌ですよ。あと半年しか命はないのですよ」と真実を相手に告げるということは非常に厳しいことです。だけど、それが真実ならばその真実に従おうじゃないかというのが知性です。それを「大丈夫、大丈夫、胃潰瘍《かいよう》だ」といってごまかすのは無知を放任することになる。そのようにしてとりあえずその場をとり繕《つくろ》ってなんとなくごまかそうとしがちです。しかし、それは本当に相手を尊重したことになっているのかというと、結局のところ相手の人は、女房にも裏切られた、家族にも裏切られたということになる。その場はとり繕ってお互いによかったかもしれないけれど、結果的には最愛の人も家族も私を裏切ったということになる。ということからすれば、知らせなかったという無知の温存は結果的に本人を傷つけていると思います。だから、日本人は知性というものを本当に大事にしていない。知性を大事にして、その厳《きび》しい現実を真正面から見すえていくという、そこが今の日本人にいちばん大切なことであるのに、非常に欠けているように思うんです。それを「無明《むみょう》の大夜《たいや》をあはれみて」というわけです。

私たちはいつも、そんないい加減な生き方をしていていいのかということが仏さまから問われているわけですね。仏道というものは、そうしたことを厳しく問いかけていくものであって、なんでもかんでも十把《ぱ》ひとからげに救ってくださるやさしいお方が仏《ほとけ》さまだというような甘っちょろいものではないと私は思う。

ですから、昔の本当に仏道に生きていた人は、厳しい現実を、これは阿弥陀さまが厳しく私を問い詰めているご催促だというふうに、ごまかさず逃げずに素直に受け止めたんですよ。私たちは今、そこに立ち返らないといけないように思うんですね。だから、もっと知性を重んじていく、深く深く知っていかなければいけない。私たちの厳しい現実、自分の犯している抜き差しならない罪というものを素直に見つめていく知性というものを、私たちがどれだけ持ち続けることができるかということが、今、一人ひとりの人間の、日本人の、責任だと思うんです。そこをあいまいにしたら、日本人は自分の行動に対して責任がとれない人間だということになる。そこが今、世界の中で日本人に問われているいちばん大きな問題と思うんですね。

ＨＩＶのエイズの問題にしたって、薬害の問題にしたって、みんな根っこは何かといったら「私はそのとき知りませんでした」ということでしょう。無知で問題が解決するならそれで結構ですけれども、あなたの無知が今のこういう抜き差しならない結果を招いているということを、私たちはもっと厳しく問い詰めなきゃいけないし、また私たち国民一人ひとりにも責任がある。いま自治体でも国でも、いろいろな情報を公開しなさいという流れになっているのは、日本国の最後の責任者は国民なんですから、国民一人ひとりが知らないではすまされないので、国民一人ひとりに情報を公開して、みんな全員が知るようになりなさい、知らないと責任もてないでしょうということなわけで、それに私たちがこたえていくことが、「無明の大夜をあはれみ」、私たちに厳しく問い詰めている阿弥陀仏さまの声を受け止めることにもなると思うのです。

私たちが仏法に帰依《きえ》するということは、一切知者《いっさいちしゃ》に帰依するということ、つまりすべてを知っておられる方を崇《あが》め尊んでいるのだということ、そして同時に私たちも一切を知る者になろうとするということなんです。仏法は智慧《ちえ》と慈悲《じひ》、すなわちよくものを知っている人はやさしくなれるということなんです。やさしいというのは気分の問題じゃない、結果が大事なんです。私たちはとりあえず感情的に「いいよ、いいよ」となんでも許してくれる人は、あの人はやさしい人だといいますけれど、あれほど無責任なことはない。やさしいというのは、結果としてよくならなければいけない。いい結果を出してくれる人がやっぱりやさしい人なんですよ。いい結果を約束するためには、いい知性にもとづかなければいけない。よく物事を知らない人が、「ああ、いいよ、いいよ」といってくれて、それで結果がとんでもないことになったらどうするんですか、どうにもならないでしょう。

本当のやさしさ

昔の人は、仏《ほとけ》さまとか阿弥陀《あみだ》さまとかいってもよくわからないものですから、仏さまとか阿弥陀さまを「親様」といったんです、私たちは子どもだったんです。

みなさん、親と子とどこが違いますか。このごろ兄弟みたいな親子が多すぎまして、それを私は実に不愉快なことだと思っています。子どもは自分のことは自分がいちばん知っていると思っている。ところが、親は子ども以上に子どものことをよく知っている。「おぎゃー」と生まれたときからずっとこの子のことを片時《かたとき》も目を離さず見てきた人が親です。親と子の意見が対立したときに、「おまえがおまえのことを思う以上に、おれはおまえのことを思っている」というのが親の信念ですから、おまえは自分の記憶をたどって、三歳か四歳ぐらいから後のことしか知らないだろう、おれはおまえがお母さんのおっぱいを飲んでいるときから知ってる、性格もよくわかっている、いちばん危ない欠点もよくわかっているという。それが親なんですね。

昔から「親の意見となすびの花は千に一つも徒《あだ》はない」といいます。これは結果ですよね。親のいうとおりにして間違いはない。子ども以上に親は子どものことを知っていて物事をいっているんですから。子どもが自分のことを考える以上に結果が見えている、千に一つもあだはないというところに本当の親のやさしさがあるのであって、子どものいうことをなんでもかんでもいいなりに聞くのが親のやさしさではない。

ですから、私は頑固おやじとか、くそばばあとかいわれる親のほうが、本当はやさしい親だと思いますよ。子どものいうことに安易に妥協しない、それがやっぱり親としての子どもに対する責任だと思うんです。その責任を果たすというところが親のやさしさなんであって、感情的になんでもかんでも許すのがやさしさではない。

私たちはなんでもかんでも許してくれるのが仏さんの慈悲《じひ》のように思っているが、私はそうじゃないと思う。智慧《ちえ》にもとづいて私たちに解き示《とじめ》している、そこが阿弥陀さんの仏法《ぶっぽう》の慈悲だとしたら、それはかなり私たちに対して厳しいことを問いかけているのであって、その厳しい問いかけによって、よい結果をもたらすのが仏法のやさしさだと思う。

ところが日本人はどうも、なんでもかんでも神さま、仏さまに頼んでおけば、私の思いどおりになるだろうみたいな発想をするんですが、そこには知性にもとづくやさしさという面が著しく欠けている。仏法でいうやさしさというのは、よく知り尽くしたうえでの、こうしたほうがいいよという勧《すす》めなんです。だから、それはしばしば私たちの思いとは裏腹になることがあって当然なんです。阿弥陀さんのおっしゃることは私たちの期待することとは違っているよ、ということがあって、私は当然だろうと思う。

ですから、私は親子というのも意見が対立して当然だと思っているんです。親と子の意見が完全に一致するとしたら、それは親の知性が子の知性と同じ程度としかないというふうにしか私には思えない。あなた、その程度しか子どものことを知らないのですか、それじゃあまりにも親としてお粗末じゃないですかと私はいいたいですね。ですから、やっぱりよく物事を見通していく知性、智慧《ちえ》にもとづいて、こうすることが大事だとか、こうしては危険だとかいうアドバイスが出てくる。そのアドバイスがやさしさなんですね。それが仏教でいう慈悲《じひ》です。

仏法では先に智慧をいい、その後に慈悲が出る。慈悲というのはやさしさをいっているわけですけれども、そのやさしさというのは、受け取る側からすれば厳しさである場合もあるということですね。

方便の本意

しかし、厳しく教えるだけでは、私たちも路頭に迷ってしまいますから、慈悲の後には方便《ほうべん》という手立てがくっつくといわれています。智慧、慈悲、方便とこういうふうに話がつながってくるのが仏法というものの世界です。ですから、こうしたほうがいいよというのはアドバイス、やさしさですけれども、そういうふうに実際にならないところをどうするか、そこまで考えていくところに方便、手立てというものがもう一つ、くっついてくる。方便というのは、完璧ではないけれども限りなくそれに近づけていこうということですから、一種、修正主義ですね。二次的なものをそこに含めながら、だんだんに徐々によくしていこう、修正とか改良とかですね、そういう言葉がくっついてくるのでございますね。

ところが日本人というのは、白黒はっきりするのが好きでして、そういうことにおいては実に潔癖なところがございます。何か修正的なとか、改良的なとか、徐々にとか、だんだんに、というのは好きじゃないんですね。だから、おまえは敵か味方かはっきりしろとかね、そういうことは実によくいいますよね。敵でもない味方でもないというところにいると、実におまえはけしからん、物事をはっきりしないやつだといいます。白黒はっきりしてすむほど世の中簡単じゃないということがわかっていない。敵と味方に分けて、あいつは敵だ、おまえは味方だって、人間をみんな敵と味方と真《ま》っ二《ぷた》つに分けて、仲間うちは大切に、仲間じゃないやつは村八分だ、みたいなことになりがちです。

だけど、本当は、その中間のところであいまいさを残しながら徐々に理想に近づいていきましょうというのが方便ですから、もっと私たちはそこのところを、悪くいえばずる賢くならなければいけないように思うのです。

あまり潔癖症になってしまいましたら、その間をつなぐものがございません。そうしたらもう勝つか負けるかしかなくなって、お相撲《すもう》さんの世界になってしまう。三分間ぐらいのあいだに勝負がつかないと、みんないらいらしてくる。西と東に分かれていますが、あの真ん中に第三者が入ってちょっかい入れたりすると、おそらく相撲にならず、日本人はみんな腹を立てるでしょうね。のこったのこったと朝青龍と栃東がやっているところに、だれかがちょこちょこと行って栃東のお尻をぺんと叩いたりすると、けしからんとかいうでしょうね。片方に応援したかと思うと、今度は反対のほうに行って応援する、そういうのがいて現実的な対応をすると幅が広がるのですが、このように事態を少しでも理想に近づけていこうという考え方・遣《や》り方は、日本人には流行《はや》らないようです。

方便《ほうべん》という考え方は大事なんですが、日本人は「嘘《うそ》も方便」ということにしてしまいました。嘘をついてもいいんだということを方便で正当化してしまった。方便ということは嘘とは全然違うものなんです。「方便とは近づけていくこと」という理解がきちんとそこにあり、知の世界をきっちりともっていなければ方便というものは成り立たない。日本人は、この知性の世界を実にあいまいにしてしまうために、方便が結局は嘘同然という話になってしまうわけです。

そこのところを限りなく問いただしていくものが阿弥陀仏でありまして、その阿弥陀仏の方便がこの南無阿弥陀仏《なもあみだぶつ》という念仏《ねんぶつ》になっているんですね。

だから、ただ念仏を称えたら私の思いが遂《と》げられるというような話ではなくて、この南無阿弥陀仏という念仏は、私たちを一切知者《いっさいちしゃ》にならしめん、われわれに智慧《ちえ》の世界を明らかにしたいという大理想があってこその念仏なんだということを、私たちがとらえておかないと、念仏がわけのわからないものになってしまいます。

マイナスからの出発

南無阿弥陀仏の念仏をいただく人は、無明《むみょう》の闇が晴れて、智慧の眼が開かれます。その智慧の眼が開かれるとどうなるのかというと、先ほどいいましたように、私たちの無知《むち》が明らかになってくる、無知無明が明らかになってくる、こういうことですね。

無知無明が明らかになってくると、いかに私は人を傷つけてきたかということがわかります。これが罪人《ざいにん》とか悪人《あくにん》とか呼ばれることであります。これは悪の自覚《じかく》であります。ですから、仏法をいただくということは、私たちがよくなる話ではあるんですけれども、そこにはちょっと矛盾がありまして、よくなる前にまず悪いところを認めることからしかよくなりようがないのです。これまでの借金を払わないで金持ちになることはできません。

知性というものをお金にたとえて、一切知《いっさいち》を仮に世界一のお金持ちだといたしましょう。その世界一のお金持ちになろうと思ったら、一足飛びにお金は貯《た》められないのでございまして、まずは借金を払ってからの話ですね。ところが道楽《どうらく》し放題の道楽息子は、いったい自分がどれぐらい借金を抱えているかも知らない。あっちで借り、こっちで借りで、出会った人から片っ端にお金を借り歩いて、いま自分はどれだけの借金があるかということを知らない。そういう人が世界一の大金持ちになろうと思ったら、まずは自分の借金を自覚するところから始めなければなりません。私たちは決してゼロから出発するんじゃないってことですね。マイナスから出発する。そのマイナスがどのくらいか見極めたところからしか出発のしようがございません。私たちはまずこの無知無明《むちむみょう》の世界にいったい自分がどのくらい長くとどまって、どのくらい自分が罪や悪を重ねてきているかということの自覚と精算から始めなきゃいけない。

みなさんは、どのくらいご自分の罪があるとお思いでしょうか、これが問題です。ですから、仏法を聞くということは、まず自分の過去がどのぐらいのマイナスとして計算されるのか、このことをまず知りましょうということなんです。自分で貸借対照表をつくって、どのぐらいのものか計算してみる。しかしもうみんな、自分のした悪いこと、罪を忘れている。人間という動物は実に都合がよくできていまして、自分のした悪いことはみんな忘れるようになっている。

そこで仏教は、自分の悪いこと、罪なことを考える一つの基準を設けて差し上げましょうというので、因果《いんが》という一つの基準を提出します。この世は因果で成り立っている、私たちは蒔《ま》いた種は刈り取るんだよということですね。これが因果の教えです。この因果にもとづいて地獄、餓鬼、畜生、人間、天上、そういう世界が構成されると仏教では教えています。

地獄に落ちるような種蒔きをした人間はどういう人間かといいますと、因果はつながっておりますから、それは地獄の世界がどういう世界かを見ればだいたいわかる。地獄の世界に行く人は、地獄の世界で行なわれているようなことを、この人間世界でした人だということですね。地獄の世界は阿鼻叫喚《あびきょうかん》の世界でございまして、みんなが苦しみに迫られている世界です。どういうふうな苦しみに迫られているかといいますと、もう火炎が周《まわ》りから押し寄せてくる。そして、熱いよ熱いよという叫び声しか聞こえないんです。炎に包まれておりますから姿が見えない。叫び声が聞こえるから、ほかにも苦しんでいる人がいるんだなということがわかるぐらいのもので、炎に包まれている世界なんです。叫喚地獄は、炎に包まれて焼かれていく世界だと書いてある。それから、焦熱《しょうねつ》の地獄に行きますと、大地が熱い。熱いところに赤鬼、青鬼がやって来ましてね、舌を抜いて、それをなめし、革を伸ばすようにきれいに伸ばして裏表を焼くと書いてある。そして、熱い灼熱《しゃくねつ》の玉を口から入れてお尻から出すって書いてあるんです。そうやってみんなもうその熱さに震え上がるというのです。

これは何かといいますと、四方八方から火炎が来るというのは、グリルの世界なんでございますよ。みなさんが七面鳥だか鶏だか知りませんけど、丸焼きにしてぐるぐる焼いているあのオーブンの世界です。ぐるぐる回転させながら焼いているでしょう。舌を抜いて、熱い大地の上に伸ばして裏表焼くというのは、これ鉄板焼の世界なんです。口から熱い玉を入れてお尻から出すというのは、串焼きの世界なんです。

つまり、私たちが他の動物にしていることを、今度はおまえたちがやられる番だというのが地獄なんですよ。実にリアルに書いてある。地獄の世界は空想の世界だとは私には思えなくなったんですよ。私たちが他の動物にしていることを、今度はおまえたちがやられる番になるぞ、これが因果《いんが》の道理だぞというわけです。因果の道理って何もむずかしいことじゃない。私たちが相手にしたことを、今度は仕返しされる番だというふうに考えればよろしい。

いま私たちは人間同士の間ではそういうことはしないことにしようということになっていますけれど、動物に対しては何でもありですからね。だから、あの動物から私たちが恨まれているとすると、今度は動物から仕返しをされた世界が私たちの地獄の沙汰《さた》だということになる。そうすると、横川《よかわ》の恵心僧都《えしんそうず》（平安中期の天台宗の僧。源信。浄土教の基礎を築いた。九四二―一〇一七）がお書きになりました『往生要集《おうじょうようしゅう》』の地獄とはどういう世界かということをずっと読ませていただくと、実は人間は他の動物に対してこういう仕打ちをしているのだということを間接的に教えてくれているわけです。だから、私たちは死んで地獄に行ったらこうなるぞというだけの話じゃなくて、私たちがこの世の中でそういうことを他のものに対してやっているぞということなのです。そのことを、果たして私たちはどれだけ知っているのでしょうか。

悪道の種

昔、日本に仏教が伝えられたとき、二年に一度は放生会《ほうじょうえ》といって、奈良の都のお寺では天皇を招いて生き物をとき放つという法要《ほうよう》を催《もよお》しました。いつも自分のところに囲っておいて、それを食べたり殺したりいたしますから、年に一度ぐらいは逃がしてやろうと、放生会とか、あるいはお屋敷の屋根に餌をまいて、きょうはおまえたちにお食事の施しをいたしましょうとか、そういうことをしたり、あるいは供養《くよう》、魚の供養とか、クジラの供養とか、そういう普段私たちがいただいているものに対して、せめて一年に一度ぐらいはお礼を申し上げましょう、罪滅ぼしをいたしましょうということを昔はしていたんですが、今はそういうことがさらにない。

せめていただいたものは粗末にしてはいけないからといって「いただきます。ごちそうさま」をいたしましょう、粗末にしたら目がつぶれるといって、昔の人が食べ物に対してはことのほか神経を使って大切に扱うようにといったのは、ものの命《いのち》をいただいているからです。

それがこのごろはてんでなくなりまして、「いただきます」も「ごちそうさま」もない。いただくというのは頭を下げて頭の頂きにいただくのですからね、それがこのごろいただくなんていう敬《うやま》いの心はなくて、ふんぞり返って食え食えって態度でございます。「おまえ食ったか」と。食った姿を見ますと食い散らかしている。昔のように骨までしゃぶってお魚をいただくなんてことは、このごろはございませんで、真ん中へんをちょこちょこっと食い散らかして、魚はあられもない姿をさらけ出しているんですから、たぶん魚の兄弟がみたら無残に思うだろうなというありさまでございますよね。あれはやっぱり骨までしゃぶってきれいに食べて、お骨にしてあげないといけない。ひょっとしたらそのお骨も空揚げにしていただいてあげるところまで召し上がってあげるのが供養じゃないかと思います。

そういう点でいうと今の人間はいかにいのちを粗末にしていることか。だから、蒔《ま》いている種はひどいものがあるんでございます。因果《いんが》の道理でいきましたら地獄行き間違いなし。ところが、間違いなしの奴ほどそれに気がついていない。これが私たちの姿でございます。

そこのところを自覚してもらわなければいけない。そこに思いをいたすようにしなければいけないけれども、みなさんにそのことをしつこく説きましても、むずかしい話だとか、自分にとっておもしろくない話だということになって、耳を塞《ふさ》ぐ。都合のいい話になるとぱっと目が覚めるくせに、都合の悪い話になるとすぐ知らぬ存ぜぬのほうに行ってしまいます。そこに念仏《ねんぶつ》という方便《ほうべん》を設けて、念仏を与えていけば、私たちは抜き差しならぬこの現実というものを、いやが応でも見つめていく心の用意ができるであろうというのが南無阿弥陀仏《なもあみだぶつ》の念仏を与えて下さるこころなんでありますね。

地獄のさまや餓鬼道のさまや畜生の世界のさまをとりあえず勉強して、それと同じことを私たちが生活の中でやっていないか、悪道の種を蒔いていないかどうかを考えてみる。それが因果で物事を考えるということです。そうすると私たちは地獄の世界や餓鬼の世界や畜生の世界の苦しみを、実は他の生き物に対して与えているということがわかってきます。そこを教えているわけですね。

ということで、南無阿弥陀仏というのは、阿弥陀仏をよりどころにしなさい、阿弥陀仏をよりどころにすれば、私たちの悪や罪がわかるでしょうと、その自分の罪や悪に対して目を背《そむ》けない、それを真正面から見つめていく勇気が与えられる。それが阿弥陀仏をよりどころにせよというこの南無阿弥陀仏という言葉なんでありまして、これは阿弥陀仏の側から私たちへの呼びかけなのだということなんです。

ですから、みなさんは、南無阿弥陀仏という言葉に出会ったら、この阿弥陀仏という光の仏をよりどころにしていかないかぎり、あなたに本当の知性が与えられることはないでしょうといわれているんです。光は智慧《ちえ》（知性）の象徴です。本当の知性が与えられることがなかったならば、あなたの人生は結局無明の闇の中を経《へ》めぐって終わることになるでしょうということです。

第四の妻

インドのお経の中に四人の妻というお話があるんでございます。ある都のお城に四人の妻をもっている一人の男がいた。第一夫人、第二夫人、第三夫人、第四夫人。第一の妻は夫が最も愛する人で、座っても立っても働いているときでも休んでいるときでも、決してこれを離したくないと思っている女性であった。行住坐臥《ぎょうじゅうざが》、どんなことにも一緒に連れていたいと思う女性であった。第二の妻はたいへん苦労をして、人と争ってまで手に入れた女性でございますので、常に側に置いて言葉を交わしている。けれども第一夫人ほどには愛していない。第三の妻はときどき会ってなぐさめ合ったり気ままをいい合ったりしている仲でございます。第四の妻というのは、ほとんど下女と変わらなかった、使用人と同じだった。すべての激しい労役に服し、夫の心のままに立ち働く。それにもかかわらず夫から何の愛撫も受けず、何の言葉もかけられない。つまりは夫の意中にはこの第四の妻の存在はほとんどないといってよいほどの扱いである。

ところがあるとき、その男は自分の住んでいる家を去って、遠く外国へ旅立たなければならない用事ができた。第一の妻を呼んで「これから私は遠い外国に行かなければならないが、おまえを一緒に連れて行きたいと思う。一緒に行ってくれないか」と第一の夫人に頼みましたら、「私はあなたと一緒に外国に行くわけにはまいりません」と言下に断られてしまった。「どうしてなのか。私はだれよりもいちばんおまえを愛してやったではないか。どんなことでも今までおまえのいうなりにしてやったではないか。おまえの機嫌をとるために、どのくらい私は骨を折ったかわからない」といったら、「あなたがどんなに私を愛してくださっているといっても、あなたと私は一緒に行くわけにはいきません」、こういって断ったんですね。

やむをえず今度は第二の妻のところに行きましたら、「あなたがいちばん愛していらっしゃった第一の夫人でさえ一緒に行かないのに、私がどうしてあなたと遠くに行けましょうか」といって断られてしまう。そうするとこの男はまた愚痴《ぐち》をいうわけです。「おまえを手に入れるためにおれはどんなに苦労したかわからん。飢えをしのび、渇きに耐え、あるときは水や火に入り、やっとおまえを手に入れたのだ。そこまでおれが苦労して手に入れたのに、なんでついて来てくれないんだ」と、こういうんですね。「それはあなたが自分勝手に私を求めただけでありまして、私のほうからあなたを求めたわけではないからついて行きません」といわれて、第二の夫人にも断られてしまった。

そこで今度は第三夫人のところへ行きまして、「一緒に行ってくれないか」といいましたら、第三夫人は「あなたにご恩を受けておりますから、城の外まではお見送りいたしますが、それから先はお供できません」と、こういった。

それでとうとう第四夫人のところへ行きまして「一緒について来てくれないか」といいましたら、第四夫人はこっくりとうなずいて答えた。「私は父母のもとを離れて、あなたにお仕え申している身でございます。苦しくても楽しくても、死のうが生きようがお側を離れず、あなたの行かれるところへはどこへでも必ずお供をいたします」といってくれたのは第四夫人であった。

この第一夫人、第二夫人、第三夫人、第四夫人というのは、いったい私たちの身の回りの中の何を指しているのだろうか、これが問題なんです。この四人の妻のお話をなさった後、お釈迦《しゃか》さまがこうおっしゃった。このある都の城に住んでいるというのは、私たちが生きている世界だ。これから遠い外国へ行かなければいけないというのは、死んであの世に行かなければいけないという意味だよ。そのときについて来てくれる妻と、ついて来てくれない妻と、お見送りはするけれども、その先はバイバイだという妻といろいろいる、とこういうわけです。いったいみなさま方は何をよりどころにして生きているか。あの世までついて来てくれるものをよりどころにしているか、この世でバイバイさよならするような人をよりどころにして、最後はさよなら、さよならといって去ってしまうような人を大事にしていないかということですね。

そこで、お釈迦さまが絵解きをなさるわけでございます。

第一の妻とは、私たちの肉体である。この肉体を私たちが可愛がるありさまは、実に第一の妻を慈《いつく》しむ夫に劣らないものがある。行住坐臥、どこに行くときも必ず一緒だ。それはそうですよね、この体、しかし、命が尽きて死ぬときには、魂は一人で寂しく去っていくけれども、肉体はこの地上に倒れて一緒には行こうとしない。この肉体はここに置いていかなければなりません。

第二の妻は、水の中に入り、火の中に入り、苦労をして手に入れた。これは財産でございます。どんなに辛苦《しんく》して貯めた財産でも、死ぬときにはもってまいれませんね。

第三の妻はときどき会ってなぐさめ合ったり気ままをいい合ったりしている仲ですが、これは父母や兄弟や親戚、いわゆる家族でございますね。生きているときには互いに愛し愛され思い思われ忘れがたい仲である。死んだ当座も泣き悲しんで、せめて城の外までは行くけれども、そこから先はあなた一人で行きなさいといいます。つまり、お墓のところまでは送ってくれるけれども、お墓から先は一人で行きなさいということですね。家族といえどもそこから先はついていけない。

第四の妻とは人間の心であるとお釈迦さんがおっしゃいました。普段、私たちは心を下女のように使って少しも感謝していないし、心が大事だなんてことは思ってもみない。すべての激しい労役に服し、夫の意のままに働いているのがこの私の心なんですね。でも、その心が大事だ、心を養えという者は誰一人としていない。これは智慧《ちえ》といってもよろしいですけれども、最後に私たちがもって行けるものはこれしかない。死んだらどうなるかということを教えてくれるものは、肉体でもなければ財産でもなければ家族でもない、この私の心だけ人間の生が終わった後の世界を思い描くことができる。みなさま方が死後の世界をどういうふうに思うことができるかという問題は、あなた方自身の知性の問題です。死んだらゴミになる、灰になるというのも、それも一つの知性かもしれません。しかし、もっと素晴らしい世界に私たちは行くのでございますといえるのも知性の力でしょう。

ある人がいいました、生きたようにしか死ねませんと。それはそのとおりでしょう。因果《いんが》ですからね。生きたようにしか死ねませんし、死んだようにしか生まれ変わることもできないでしょう。やっぱり私たちが何を求めて生きてきた人生であるかによって、未来がどうなるかも決まってくるでしょう。一切知《いっさいち》、つまりすべてを明らかにしていく世界に向かって歩んできた人は一切がわかっていく世界に行くでしょう。当然のことです。

というわけで、いったい私たちは何を求めて、何をよりどころにして生きているかというときに、第一夫人、第二夫人、第三夫人のようなものを求めている人に対しては、ある人が痛烈な言葉で次のようにいっています。「あなた方がよりどころにしているものは、みんな柩《ひつぎ》の外にある」と。私たちにとっていちばん大事なものは、柩の中まで入ってくれるものでなきゃならんぞと。

ここにいるみなさんは、みんな柩の外に置いていくものばっかりを大切にしているのではありませんか。柩の中に入ってくれるものは、この私の知性と後は白い菊の花と南無阿弥陀仏《なもあみだぶつ》と叫んでいる阿弥陀さんの声だけです。ですから、この阿弥陀さんの叫んでおられる声の聞こえる方角に私たちは歩みを遂《と》げていくならば、私たちの人生は死んでゴミになるところで終わるわけはございません。さらにその先に阿弥陀さまの住んでおられる国（浄土《じょうど》）にまっしぐらに進んで往生《おうじょう》するのです。だから、私たちは、この阿弥陀さんの叫び声に耳を傾けていく人生を歩んでまいりましょう。

往生の世界

阿弥陀さまのお声は、私を呼《よ》んでくださる声というふうにいってもよろしいんですが、あまりにも私たちがぼやーっとしているものですから、尋常に呼んだぐらいでは私たちは気がつきません。だから「叫《さけ》んでいる」、悲痛な声で「叫んでいる」というふうに表現をしたわけです。しかし、これを昔から「呼び声」といっているんです。

「呼び声が力なりけり。旅の空、雨降らば降れ、風吹かば吹け」

こういう一つの人間を超えた力に私たちが出会っていくということがないと、私たちの人生は開かれていく世界にならないんです。ますます惨《みじ》めに閉じていく世界になると思うんです。

浄土《じょうど》に往生《おうじょう》するといいますが、往生というのは私が開かれていく世界、だんだんに開かれていく世界、往《ゆ》き生《う》まれると、開かれていくんです。闇が開かれていく世界を往生というならば、だんだん惨めになってきて、だんだん気分が暗くなってきて、何か追い立てられるように、隅っこのほうに追いやられていくような、だんだん落ち込んでいくような人生は往死《おうし》じゃないかと思うんです。

だんだんに知性が開かれて、この人生というものが見えてくる世界が往生の世界。その人生が見えてくる中で、私以上に私をよく知っている方がいる。それは親もそうですけど、親を超えてさらにこの私というものを見極めている方がいらっしゃる。それに私たちが出会うということがこの人生においていちばん大事なことなんですよということです。これも「三帰依文《さんきえもん》」の中に「無上甚深微妙《むじょうじんじんみみょう》の法《ほう》に遇《あ》う」と出ていますが、仏法に出会えた人だけがこの世に生まれてよかったなあということになるのだと思います。

ですから、その人間を超えた大いなるものに出会えなければ、もう最後は往死でございますから、無残に破れて散っていくわけでございます。会えた人だけが明るい世界に向かって開かれていく。これが私たちにとって、人生のいちばん大事なことといいますか、何よりも幸せな人で、それに出会えなかった人は実に残念な人だというのが私は仏法だと思います。

南無阿弥陀仏《なもあみだぶつ》というのは、阿弥陀さんが私たちに、この阿弥陀仏をよりどころにしてください、阿弥陀さんをよりどころにして、他のものをよりどころにするな、お柩《ひつぎ》の中までついて来るものをよりどころにして、お柩の外でお見送りをするようなものを当てにするな、というのが、一切知者である仏さまの私たちに対するメッセージとして、いま届けられているのだということに、早く私たちは気がついたらどうでしょうか。

そのことに気がつかない人が多いために、だんだん阿弥陀さまの呼び声はボルテージが上がりまして、最初のうちは穏やかにいっていたものが、いまや悲泣絶叫《ひきゅうぜっきょう》の状態になっているのではないでしょうか。先ほどみなさま方に申し上げましたように、知らないで悪いことをするのは罪がないというような考え方の人に対しては、阿弥陀さまはもう怒り心頭に達するぐらいに叫んでおられるのではないでしょうか。そんな無知蒙昧《むちもうまい》なことでいいわけがないということを「仏は叫んでおられますよ」と、きょうは申し上げたかったわけでございます。

私もみなさま方も、この阿弥陀さまの叫び声をよりどころにして、それを突き抜けていく勇気をこの仏法に帰依《きえ》するという形で心の中に貫いていくことができたら、私たちの人生はこれでよかったということになるのではないかというのが、私のお伝えしたかったところでございます。

第二章　善人の罪

善悪へのこだわり

『歎異抄《たんにしょう》』（唯円坊が撰したとされる親鸞聖人の語録）には善悪《ぜんあく》ということがいろいろなところでずいぶん書かれているんでございます。たとえばいちばん最初の第一章をいただきますと、

「しかれば、本願《ほんがん》を信《しん》ぜんには、他《た》の善《ぜん》も要《よう》にあらず、念仏《ねんぶつ》にまさるべき善《ぜん》なきゆへに。悪《あく》をもおそるべからず、弥陀《みだ》の本願《ほんがん》をさまたぐるほどの悪《あく》なきがゆへにと云々《うんぬん》」

と書かれておりまして、もう善も必要ない悪も恐れる必要がないと、こういうふうにいわれているんですね。また、みなさま方もよくご存じの第三章を頂戴いたしますと、

「善人《ぜんにん》なをもちて往生《おうじょう》をとぐ。いはんや悪人《あくにん》をや。しかるを、世《よ》のひとつねにいはく、『悪《あく》人《にん》なを往生《おうじょう》す、いかにいはんや善人《ぜんにん》をや』と。この条《じょう》、一旦《いったん》そのいはれあるににたれども、本願他力《ほんがんたりき》の意趣《いしゅ》にそむけり」

とございまして、善人でさえ救われるんですから悪人はなおさらなんですよ、ということが説かれてございます。ここでは明らかに、もう善と悪とが世間の常識をひっくり返して語られているんですね。

そうしてずうっと読み進んでまいりますと、今度は第十三章に、親鸞聖人《しんらんしょうにん》が唯円房《ゆいえんぼう》に向かって、〈おまえ、人千人殺したら往生ができるといったら千人殺せるか〉というお話をなさいまして、〈い

や千人殺せといわれても一人も殺すだけの器量《きりょう》が私にはございません〉と、こういうふうにお答えしております。そうすると、親鸞聖人が、

「業縁《ごうえん》なきによりて、害《がい》せざるなり。わが心《こころ》のよくて、ころさぬにはあらず」

おまえが殺さないというのは、おまえの心が善いからではないのだと、こういうふうにおっしゃったんですね。

この十三章でもう終わりかと思いましたら、いよいよ最後の後序のところにいきまして、

「聖人《しょうにん》のおほせには、『善悪《ぜんあく》の二《ふたつ》、総《そう》じてもて存知《ぞんち》せざるなり。……』」

私は善悪ということはまったくわからないんだと、こう親鸞聖人はおっしゃっておりますね。というわけでございまして、『歎異抄』には第一章からいちばん最後まで、相当しつこく繰り返し善悪ということが語られております。

これは何も『歎異抄』だけではございませんで、親鸞聖人の主著でございます、ご本典『教行信証《きょうぎょうしんしょう》』にも、いちばん重要なヤマ場といわれているところの、ご信心を扱われたところにですね、「雑毒《ぞうどく》の善《ぜん》」という言葉が出てくるんでございますね。「雑毒雑修《ざっしゅ》の善」あるいは「虚仮《こけ》雑毒の善」というように出てまいるのでございます。

で、また他には『愚禿抄《ぐとくしょう》』という書物がございますが、ここにもですね、善導大師《ぜんどうだいし》（中国浄土教のうち菩提流支・曇鸞・道綽の流を大成した唐の僧。六一三―六八一）のお言葉を長々とご引用になりまして、そういうことが書かれておりますね。

で、今度は『正像末和讃《しょうぞうまつわさん》』を見ますと、その善導大師のお言葉をそのまま平たく申されており

まして、

「悪性《あくしょう》さらにやめがたし
こころは蛇蝎《じゃかち》のごとくなり
修善《しゅぜん》も雑毒《ぞうどく》なるゆへに
虚仮《こけ》の行《ぎょう》とぞなづけたる」

とあって、親鸞聖人が相当、善悪ということにこだわっておられたのではないかと思うわけでございます。そこで、いったいどういうところからそういうことになってくるのであろうか、きょうは一つ、善と悪の問題を考えてみたいと思いまして、このようなテーマを掲げてみたわけでございます。

善と悪の実際

善悪ということを考えてみる場合に、まずもって何が善か、ということになるわけですが、ふつう私たちが考えております善ということを、自《じ》と他《た》と二つの面に分けて考えてみてもいいのじゃないかと思うんです。一つは、「あなたは善《よ》い人ですね」とか、「悪《わる》い人ですね」とか、他人がいう場合、それからもう一つは、自分が「私は善いことをしている」と思う場合、この二つですね。これがだいたいふつうの私たちの、まぁ善ということなんでしょうね。で、他の人が善い人だと私にいって下さる言葉も、それから自分が、自分は善いことをしているんだと思うときも、だいたい裏に悪というものが隠されているんであります。隠されているというのはどういうことかといいますと、善と悪とを比較して考えているということで、ああ、あの人は善い人だというときには、だれかに比べて、というのがおそらく入っているだろうと思います。また、自分は善い人間だ、あるいは善いことをしたという場合にも、何かに比べてましなことをしている、あるいは、何か善いことだと決められていることを守っているというふうに考えているんでしょうね。ですから、他の人が善いといってくれるということの中には、「ルールを守っている」ということを入れてもいいかもしれない。規則を守っているから私は善いといえるのだ、と。

そういう善いことというのは、これはまぁ外側から見た善いことでございまして、内側はどうだということになりますと、これはなかなか外の人には見えてこないことでございますから、まぁ自分で判断することになりますね。

外側から見て善いことだというのは、別の言葉でいいますと、結果とか、あるいは表に現れた行為とか、そういうものを通して、「あの人は善い」というわけですね。しかし、その人の動機はどうかというと、これは外の人にはわからない世界ですから、自分で判断しなきゃならない。いったい動機も、善い動機のもとにそれをやろうとしたのかどうか、こういう問題になりますというと、自分自身で詰めて考えていくことになりますね。

そして動機も善く、あるいは行ないも善く、そして結果も善ろしいということになりますと、まぁ私たちは善いことをしたとか、善い人であるとか、こういうことになるのかもしれませんね。

しかし、その場合に大事なことは、そのように動機も善く、行ないも善く、結果も善く、三拍子善いとしても、その善いということがなお比較を離れていない、だれかに比べてということを離れておらない。このことは案外私たちの反省の中に入っていないかもしれませんけれども、私たちは暗黙のうちに、そういうことが入っていないかどうか考えてみなければなりませんね。

そうすると、これはもう相対的な問題でございますから、「私」が善い人間になると、だれかが必ず悪人になる。「私」の善さが目立てば目立つほど、だれかの悪いところが余計に目立ってくる。この人の行ないに比べて、あの人の行ないはなっていないということになるわけです。両方があまり差がなければ、善悪の区別があまりくっきり出ないんでしょうけれども、ひときわ目立って善い人がいるというと、悪いほうがますます目立つわけでございますね。

いい例が兄弟です。男と女、一人ずつでしたら、あまり比較の対象にしないんですが、男の兄弟が二人おりますというと、だいたい同じようなものだと思って、人が比較をする。お兄ちゃんは善い人だけど弟はワルだとか、お兄ちゃんはワルだけど弟は善い人だとか、どっちかが善い子になると、それに比べて弟のほうはとか、お兄ちゃんのほうは、ということに必ずなる。私たちの世界というのは、相対的なものを離れることができませんね。

また、何をもって善しとするかということも、なかなか決まらないことでございまして、昔に比べて今が善いとか、他の人に比べて自分が善いというわけですが、こういう何か他のものに比べていうやり方は、比べるものが変わってまいりますと、どんどん変わっていきます。今は何をもって善しとするかといったら、多数決で決める世の中でございますから、多くの人が善いといったら、だいたい善いということになるのでしょうが、多数決以前の時代ですと、将軍さまがいったから善いことだとか、お大名さまがいったから善いことだと、こういうことになっていたのかもしれませんね。

家庭の中でいいますというと、お父さんがいったことは絶対だという時代から、最近はお父さんの権威がなくなってきましたから、お父さんがいったことがちっとも善いことにならない。このごろはすっかり逆転して、お母さんがいったことのほうが正しい、なんていうことになってますから、ますますややこしくなっている。

このように基準が実に曖昧《あいまい》な中で、しかもなお私たちは、善《よ》いことと悪《わる》いことを、非常に厳しく分けて考えようとするわけですね。

そういうふうに私たちの世界は相対的な世界でございますね。

善人の罪

みなさま方が一日の中でお喋《しゃべ》りになる、交わされる会話の中で、人を褒《ほ》める時間というのは非常にわずかで、悪口をいう時間のほうが非常に長いんじゃないでしょうか。小椋佳《おぐらけい》という作詞家の歌の中に、「知ったかぶりした顔のうらで　いつだって他人をせめてる／あなたが僕には　悲しい」（「暇つぶし以上に」『小椋佳全詩集』自由現代社刊）という詞がございますけれども、まぁだいたい私たちが偉そうな顔をする裏では、だれかを悪者にしているんですね。だから、赤提灯《あかちょうちん》の飲み屋に行って、何を肴《さかな》に話をしているかといったら、みんな上役か同僚かの悪口を肴にしてお喋りを弾《はず》ましているわけでございましょう。

悪口をいうということは、私たちはみんな、ずいぶん善悪ということにこだわっているということになりますね。なぜ私たちはそんなに、善いとか悪いとかということを、日常生活の中でしつこく喋るのだろうか。考えてみますとね、やはり私たちにとって、この善というのはたいへん魅力的なものなんでしょうね。だれもがみんな、善人だと人からいわれたい、自分もそう思いたい、こういう心になっている。だから私たちは毎日、一生懸命になって、善いとか悪いとかということを気にしながら言葉を使っている、こういうことだろうと思いますね。

なぜ私たちはそんなに善人になりたいのかといいますというと、これはやっぱり、私たちの心の中に「我愛《があい》の心」があるからでしょうね。この自分を愛する心が強いと、常に自分は善い人でありたい、こういうふうに考えるようになります。で、自分を善い人にするためにどうするかと申しますと、この世の中は相対的な比較の世界でございますから、必然的に他の人を悪人にしなければならなくなる。そこで私たちは毎日、悪口をいうようになる。いわないと、自分が善人にならないからですね。

そういうふうに考えてみますというと、私たちのこの善悪というのは、何が善で何が悪かという基準が実に曖昧なわけですから、自分を常に正当化して、自分は善人であろう、善人であり続けたいという、そういう自分の魂胆《こんたん》といいますか、心根《こころね》といいますか、そういうものを根底にして、善悪をいっているんじゃないか、こういう問題が出てくるわけでありますね。ですから私たちのいっている善悪というのは、あまり信用できない。どこから出ているかといったら、それは自分の我愛という煩悩《ぼんのう》から出て、善悪をいっているんですから。

そうしますと、私たちは、とにかく人からは善い人だといわれるようにするために外面だけでもきちんとしようとする。必ずしも動機はいいことでなくても、辻褄《つじつま》合わせに外だけはいいように見せはじめる。こういうことになりますと、だいたい私たちの心の中の内と外とがずれてくるんでございます。そうですね。だいたい私たちは内側を隠して、外側だけを飾るようになる。これを仏教の煩悩では「覆（mrakṣa)」というんであります、覆《おお》うという煩悩であります。で、この覆うということがどんどんどんどん進んでまいりますというと、外側ばかりを飾るようになって、内側のほうは疎《おろそ》かになる。眼は外のほうにばかり向いて、内のほうに向かなくなる。

で、自分の内側がわからないということはどういうことかと申しますと、他の人を見るときにも、他の人の内側がわからないということでありますから、お互いに外側だけを見て判断するようになる。そうすると、私たちは結果ばかり、あるいは行為ばかりが大事になってきまして、その心の奥にある動機といいますか、心の揺れ動きといいますか、そういうところが疎かになってきますね。そうしますすというと、私たちはだんだん心と心が触れ合わなくなってまいりましてね、疎外《そがい》ということが起こってくる。疎外というのは、簡単にいったら孤独になるということです。みんな「私」の心を理解してもらいたいと思っているのに、だれもがその心を理解しないようになってくる……これが疎外です。

そうして私たちはどうなるかというと、先ほど申し上げたように、人の悪口をいっとかないと自分が善い人でなくなってまいりますから、ますます一生懸命になって人の悪口に精を出すようになるんですね。そうするとまた、悪口いわれた相手のほうも収まりませんから、今度は相手のほうが悪口をいうようになる。で、悪口と悪口がぶつかりますと、こりゃ争いでございます。

先日も民生委員をやっている方がおっしゃっていましたが、昔の民生委員というのは、経済的に貧しいご家庭をどうするかというのが仕事でございましたから、だいたいその地域の、どちらかというと経済的に豊かなようなお方が、いろいろな便法を講じてあげるために、民生委員というものをやっておられたのだそうでございます。ところが、このごろ、民生委員に訴える話でどういうのが多いかといいますと、お金が足りない、生活費に困る、という話じゃなくて、家庭の中の争いが絶えないという訴えがいちばん多いといいます。いまは家庭が崩壊する危機に襲われているということですね。心がバラバラになってまいりまして、親子といえども、お互いに心が通じ合わなくなってきた。夫婦のあいだも心が通じ合わなくなってきている。

心が通じ合わなくなりますと、どうなるかというと、そりゃもう疑いでございます。疑いの世界に沈没する。うちのかみさんはこのごろ、昼下りに車に乗って出かけるが、どこに行ってるんだろうか……疑い出したらきりがないですよね。うちの主人は毎夜十時過ぎないと帰ってこないが、本当に会社の仕事だろうか、というふうにですね、お互いの心が離れてきますというと、お互いが猜疑心ばかりになってまいります。疑いというのはちょうど嘘をつくのと同じでございまして、次から次に疑いのタネが出てくるんであります。そうこうしているうちにますますお互いの心が遠くなってまいりまして、そしてまぁ家庭が崩壊をする。

で、今は家庭の危機ということがいわれているんでありますが、それはお互いに争うからでございます。家庭の中で争いがある、家庭の中の争いはどこから来ているかといったら、それはお互いが悪口をいうからでございます。お互いの悪口はどこから出るかといったら、そりゃお互いが自分だけ善い人になりたいと思うからですね。

そう考えてみて、じゃ昔のご家庭というのはどうだったかといいますと、だいたい、悪口をいわれ集中攻撃を受ける人が一人に決まっていたんですね。生け贄《いにえ》の人が一人いた。はい、それがご家庭の主婦であったわけでございますね。みんなが寄ってたかってボロクソにいうわけです。最後はどうなるかといいますと、電信柱が高いのも、郵便ポストが赤いのも、みんなおまえが悪いと、こういうことになってしまうわけですね。

しかし昔の家庭のご婦人には、それを受けて立つだけの度量があった。昔の言葉に「負けて勝つ」という言葉がありました。これはもういまやほとんど死語になりましたが、だいたい、家庭の母親というのは、これまでは「負けて勝つ」ということであったわけです。ご主人からボロクソにいわれ、子どもからも能なしのようにいわれ、あまり恵まれた立場にはなかったんですけれども、最後のところにいってみると、やっぱりわが家でいちばん偉大だったのはだれか、そりゃおふくろだったと、こういうところに収まるようになっていたんですが……このごろはもう「負けて勝つ」というような考え方はございませんで、どんな場合にも、常に勝とうとするんですね。そういうわけですから、子どものほうもしんどいわけです。お母ちゃんがおまえぐらいのときにはもっと勉強ができたと、こういわれるともう子どもは立場がないわけですね。

このように、常にお互いが勝とうとする、勝つことだけを考える。そうすると、相手を悪くいい、争いが起こってきますよね。ま、そういうわけで、私たちはあまりに現在、善と悪ということにこだわりすぎて、そしてそこから実は不幸が生まれているんじゃないか、不幸のもとは善悪にあるのじゃないか、私はそういう気がしてならないわけでございます。

善と悪とに分けない

考えてみますというと、善悪というのは相対的にしか、私たちは考えられない、比較の上でしか考えられない。なぜそういうふうになるんだろうか。考えてみますとね、私たちの世界というのは、お互いに支え合わなければ生きていけない仕組みになってるからだろうと思うんです。自分だけで、自分の世界をつくって、それで物事が立派に成り立てば、「私」は善人ですむんでございますけれども、つながり合っているために、「私」が善人になりますと、だれかが悪人にならなくちゃいけなくなる、こういうことなんですね。そして、みんなが善人になろうとすると、争わなきゃいけなくなる……。この元はどこにあるかといったら、みんながつながり合っているからでございます。みんながつながり合っているということは、善いとか悪いとかというふうに、物事を二つに分けて、どっちがいいかというような考え方をしたんじゃ成り立たないということでございます。お互いにつながっているんですから。

私たちはえてして、善いか悪いかとか、損か得かとか、こういうふうに考えますでしょ。あるいは美しいか美しくないか、格好いいか格好が悪いか……みんなこれでございますね。こういうふうに物事を分けて考える。その分けて考えるところに、すべての争いの元がある。これを仏教では分別《ふんべつ》の心といいまして、それは悪い心なんだというのです。

よく子どもがだんだん分別がついてきたといって、いいことのようにいいますが、たしかに分別がつかなきゃ困る部分もありますけれど、分別がついてそれでいいかというと、やっぱりそうでないところもある。分別がついて、なおかつ、その分別が間違いであるということに気がつかないといけない。私たちの心の中には分別する心があって、分けて考える。で、分けて考えて、どうするかといったら、先ほどいいましたように、善いほうばっかりを自分が取ろうとするんですね。奪うことばっかり考えるようになる。そうすると必然的に相手方は奪われる側ですから、不満が募《つの》るわけでございます。

お互いにつながり合っているということを元にしてこの世の中は考えていかなければならないのに、私たちはそれをみんな分けて考えようとするから、いけなくなる。この分別《ふんべつ》の心が、我他彼此《がたひし》をつくると、昔からいってきたんですね。我他彼此をつくると、我《わたし》と他《あなた》は別の人、彼方《あちら》と此方《こちら》は別世界となる。そうして何をやるかというと、喧嘩《けんか》をするんでございます。我他彼此は、みな喧嘩ですね。向こう三軒両隣りがお互いにいがみ合う。本当いったらですね、「遠い親戚よりも近くの他人」でございまして、お隣り同士、お向かいさん同士は、仲良くしといたほうが何かのときにいちばんいいんですけれども、私たちは遠くの人よりは近くの人と喧嘩をしてしまう。そういうところに私たちの心の、真理に背《そむ》いたといいますか、この世の中のあり方に背いた心の姿がございまして、そこに煩悩《ぼんのう》といわなければならないものがあるんですね。

そういう分別心があるかぎり、二つに分けて、どちらが善か、どちらが悪かというような考え方で行ったのでは、どこまで行っても解決はつきませんので、親鸞聖人は、善悪を超える道を考えていかなければならないとおっしゃるんですね。

それからもう一つ、私たちにとって完全な善というもの、つまり、いつの時代にも変わらない善というようなものがこの世の中にあるだろうか、親鸞聖人がおっしゃるように「如来《にょらい》の御《み》こころによしとおぼしめすほどにしりとおした」ような善があるだろうかという問題があります。

たとえば、私たちは子どもに一生懸命勉強させますよね。いい学校に入るほうがいい就職ができきる、いい就職ができたほうがいい暮らしができると子どもたちの尻を叩く。だいぶ前にNHKで「お入学」というテレビドラマが放映されたことがあって、それを見ていて、いい学校に入学させることが果たして本当にいいことなんだろうかと考えさせられました。今いい小学校に入っても、その人が大学に行くころに学歴社会が続いているんだろうかと……こう考えてみますと、世の中だんだん変わっていきますから、いま善いと思っていることが、先々かならずしも善いとはかぎらないのではないかという問題があります。そういうことからいっても、私たちがいま善いとか悪いとかいっているのは、実は非常に曖昧《あいまい》なわけですね。

善悪の多少

それからもう一つ、私たちは、善悪の多少ということをいっていないでしょうか。完璧な善がないとしますとね、どうなるかというと、私にも欠点はあるんだけれども、私は善いことのほうを多くしているから善人、あの人は善いことと悪いことを秤《はかり》にかけたら悪いことのほうが多いからバツ、こういうふうな判断をしていないでしょうか。親鸞聖人はそういう善悪の判断の仕方もおかしいとおっしゃる。本当の意味で善いというのは、完全に善くなければ、善いこととはいえないとおっしゃっている。

だいたい私たちの周《まわ》りで起こる悲劇というのはどこから来るかというと、裏切りです。裏切られるから悲しくなるんです。で、裏切られる裏には何があるかといったら、信じること。では、信じた裏には何があるかといったら、あの人は善い人だという思い込み。そうですね、あの人は悪い人だと信じたら絶対に裏切られることはありませんね、みなさま方。あの人は善い人だから、あの人のいうことは間違いがない、そう思っているところに、実は蓋《ふた》を開けてみたら、そうではなかったと裏切られるのです。

奥さん、お金を倍にしてあげますから投資しなさい。そういう人が朝から晩まで孤独なおばあちゃんのところに来て、洗濯はしてくれる、昼食、夕食までつくってくれる。こんな善い人はいないだろう、この人のいうとおりにすりゃ大丈夫だろうと信じて投資したら、空手形《からてがた》で、みんな損してしまう。

あんな悪人はいないかもしれないから信じちゃだめ、あの人の口車《くちぐるま》に乗っちゃだめだと思っていれば、裏切られるということは起こらないですね。みんな、あの人は善い人だと思っているから裏切られるんです。その裏切られる元には何があるかといったら、だれにだって欠点はあるかもしれないけれど、あの人は善いことのほうが多いだろう、それを善人にしてですね、信じていって最後に裏切られるということですね。

ですから、だれかに善いところが多いといたしましても、その人に人を裏切るような悪さがあるとしたら、他の面でどんなに善い人でありましても、それを信じたら、裏切られるということですね。ですから、私たちは、善悪を多い少ないでは測ることができない。私たちが善人だと思うときに一〇〇パーセントの善人ではない、本当は信じてはならない善人なんですね。で、一〇〇パーセントなんて、そんな善があるかというと、まぁないわけでございますね。

だいたい裏切りという問題を考えてみましても、私たちは人に裏切られることばかり考えるかもしれないけど、私たちをいちばん裏切るのはなにかといったら、わが心でございましてね、自分の心に裏切られなかったらもっと偉い人になっていますよ。みなさま方はいかがでしょうか。私なんかもですね、きのうの晩、あの仕事を全部仕上げてから、今日来ようと思ったんであります。ところがだんだん眠くなってきまして、頭が回らなくなって、ああしようがない、今朝二時間ほど早く起きてあれを済ませて、それから来りゃいいやと思って寝た。で、起きてみたら何時かというと八時半でございますから、見事に裏切られるわけでございます。そういうぐあいで、仕事がどんどんたまりまして、なかなかはかどらない。こういうことでありますから、私たちをいちばん裏切っているのは、この私たちの心なんですね。心ほど私たちを裏切るものはない。

そう考えてみますと、人の悪口をいう前に、まず自分の心の悪口をいわなきゃならないのですが、そこは隠す。先ほどの「覆《おお》う」という煩悩《ぼんのう》が出てくるわけですね。いわれてみればそのとおりではないでしょうか。

雑毒の善

このように善悪の問題というのはなかなかむずかしいのであります。親鸞聖人は、私たちの善というのはすべて、そこに悪を含まない完璧な善というものはありえない、だから「雑毒《ぞうどく》の善《ぜん》」、毒の混じった善だ、とおっしゃっています。これはなかなか含蓄のあるお言葉でございましてね、たとえば「さあ、みなさま方どうぞ。お昼が近くなっておなかを空かしておられましょう。みんなにおにぎりをつくって差し上げましょう」といっておにぎりをつくりましてね、「中に梅干の代わりに青酸カリをちびっと入れときましたよ。だけど、あとはみんなササニシキ米です。毒はほんのちょっとしか入っておりませんから、どうぞお召し上がり下さい」って差し出す。もしこれ食べたらみんなどうなりますか。米粒大の青酸カリが入ってるわけじゃない、米粒の十分の一くらいの青酸カリしか入っていない。まぁ九九・九パーセントはお米だ、〇・一パーセントほど青酸カリが入ってるけど、九九・九パーセントと比べりゃ微々たるものでございますからどうぞお食べなさいといわれて、お食べになる人がいますか、食べないですよね。

ですから、あの人は九九・九パーセント善人だけど、〇・一パーセントほど困ったところがある、信用できないところがある。だけど九九・九パーセントは信用できるから、あの人を信用しましょうといって信用して、その〇・一パーセントに裏切られるんでしょう。ですから、私たちの善というのはですね、相対的に考えたんじゃ本当の意味で善ではないんだというんですね。

このように私たちの善というのはみな、毒を離れることができない善でございます。先ほど申しましたように、善というのは基準がはっきりしないし、裏にあるのは何かといったら、「私」が善人になりたい、人から善人といわれたい、思われたいという気持ちが先に立った善でございますから、この善を推し進めていくと「私」が善人だといわれたとたんに必ず人を見下すようになる。「私」がよく思われたいということが元にあるんですから。そういう思いがあって、その思いが達成されたのですから。そこに、私たちが善を行なえば行なうほど、他の人にとっては都合の悪いことになる元がある。したがって、私たちの行なう善は、必ず争いに行き着く、ということになりますね。

では、しょせん私たちの善は雑毒の善だから、思っ切り悪いことをしてやれといっても、これもなかなか、できるようで、できないものです。むずかしいですよ、悪いことをするっていうのは。いや、世の中にたくさん悪いことしてるやつがいるじゃないかと、こうおっしゃるかもしれませんが、あれは結果としての悪いことでございまして、気持ちとしてはみんないいことをしたいと思っているんだろうと思いますね。

いいことをしたいというのはどういうことかというと、先ほどの我愛《があい》でございますね、自分というものを愛する気持ちからやっているということなんですね。だいぶ前になりますが、学校の養護の先生を殺した事件がございました。あれなんかでもそうですね。養護の先生がいよいよ正式に他の人と結婚することになった。そうするとこれまで続けていた不倫の関係がだめになる。だめになるというのはどういうことかというと、自分が愛されなくなるということでございますから、それでその先生を呼び出して、ドライブに誘って最後は殺してしまう。これはみんな自分がよく思われたい、自分が愛されたいという気持ちの裏側にある部分ですからね。最初から「私」は悪く思われたいとおもってやる人っていうのはなかなかいないんでございましょう。

強盗に入って殺人するというのもだいたいそうなんだそうですね。度胸の坐った強盗というのは、人を殺したりしないんだそうです。目的は盗みに入ってるんですから。ところがですね、初めての強盗というのは、ビクビクしながら捕まったらかなわないと思いながらやっているので、見つかった時に、声を出すと殺すぞというんだそうですね。ところが、強盗されたほうも素人でございますから、殺すぞといわれてとっさにキャーッといってしまう。で、キャーッといったために、見つかったらかなわないという思いからブスッとやる。だいたい小心翼々として、見つかったらかなわない、見つかったら困ると思うような、肚の坐っておらない素人の強盗が、見つかるのを恐れて殺してしまうというんですね。

犯罪というのは、自分がよく思われたいという気持ちと裏腹のところで悪いことをする。最初から悪いこととして平気な人間というのは少ないし、そういうのはなかなか捕まらない。そういうぐあいで、人間というのは悪いことを平気でできないようになっているようでありまして、善いことをしようと思って結果的に悪いことをしてしまうということが、多々あるわけでございます。

ですから私たちはむしろ、いい子になろうという気持ちを捨てて、もう少し自分の悪というものを見つめていったほうがよろしいのではないか、親鸞聖人はそうおっしゃるわけです。

自分の心の中から悪を除いて、できるだけ善い人になろうということは、決して争いをなくすことにはならない。むしろ私たちは自分の悪いところをしっかり見つめていくほうが大事ではないか、というのが親鸞聖人のおっしゃりたいところでございまして、この「雑毒の善」という言葉は、私たちの善と善意の中には毒が混じっているという御諭《さと》しでありまして、自分は善い人間だと思いたいけれども、その思いたいという心の中に「我愛《があい》」という毒が入っていることを忘れないように、ということでございますね。

我愛の心

私たちがこの我愛の心を捨てることができなければ、本当の意味の完全な善ということは達成されない。そうすると、私たちは常に混じっている毒をみつめていかなきゃならないわけでございますね。ところが、なかなかこの毒が抜け切らないわけでございます。我愛の心というのは抜け切りませんから、親鸞聖人はとうとう両手を挙げまして、先ほど申し上げましたように、『正像末和讃《しょうぞうまつわさん》』の中に、

「悪性《あくしょう》さらにやめがたし

こころは蛇蝎《じゃかち》のごとくなり
修善《しゅぜん》も雑毒《ぞうどく》なるゆへに
虚仮《こけ》の行《ぎょう》とぞなづけたる」

とお述べになっているんですね。「悪性さらにやめがたし」。悪性の煩悩《ぼんのう》が私たちの心の中に巣食っているわけですから、これは癌《がん》細胞のようなものでございますね。癌細胞のような悪性の心が私たちの中にあって、それをなかなか取ることができない、押し止《とど》めることができない、悪性のやめがたい煩悩はなにかといったら、やはりそれは「我愛」でしょうね。我愛の心、私がよく思われたいという気持ちです。

ですからね、先日もあるところの奥さまが、近々うちの息子に嫁さんをもらうんだと、こうおっしゃる。そして、私は娘が欲しかったんだけれども、息子にしか恵まれなかったから、今度来たお嫁さんはわが娘のように可愛がってやりたい、こうおっしゃるんでございます。しかしね、それがだいたい間違いの元なんです。わが娘のように可愛がってやったら、きっとあの子も私を本当の母親のように思ってくれるだろうと、こういう心がその底に潜んでいるとしたら、そりゃおやめなさいと申し上げました。だいたい無理でございます。どんなにお姑《しゅうと》さんが、わが子のように娘さんを愛してあげましても、やっぱり娘さんにとって、本当のお母さんは実家のお母さんなんですから。それは乗り越えられない。

先日もこういうのがありました。ある商売をやっておられる家の奥さんが、私は子どもを育てるときに、だれも助けてくれませんでしたから、たいへん苦労をした、商売で店が忙しい、手が離せない、だから子どもはお店の奥の座敷にほったらかしでやってきました、とおっしゃるんです。そしてたいへん苦労したから、お嫁さんには、子どもが小学校から帰ってきたとき、お手製のおやつをつくって待っててあげてちょうだいとお願いされたんですけど、最近のお嫁さんは、やれコーラスだとか、やれ手芸だとか、お花だとか、外に出かけることばっかりが好きでございまして、それは子どもによくないと姑さんは思われているんですね。自分の経験を通してこうしたほうがいいですよと忠告してあげても、今どき、若い人が家の中にいて子どもの世話ばかりじゃつまらない、たいていのおうちはみんな子どもに百円玉渡して、これでどこかへ行ってスナック菓子でも買って食べときなさいと、これで済ましているのに、なんでうちだけわざわざお手製のおやつ作らなきゃいけないんですかって、こういうことになってるっておっしゃるんです。まあ、嫁と姑はお互いに善意が通じないようにできているんですね。で、結局、結果的に善いことをしてあげているのに、あの人にはどうして通じないのだろうということになりますと、結論は、だいたい相手が悪いと、こうなりますね。

　要は、私たちはみんな「悪性さらにやめがたし」、我愛が先に立つ。そして「心は蛇蝎のごとくなり」、蛇《へび》や蝎《さそり》のごとくになる。蛇《へび》というのは何かと申しますと、真っ直ぐ進もうと思うんですが、蛇行《だこう》といいまして、右左、右左しないと進めない。私たちもその蛇と同じようでありまして、人から何かいわれたとき、素直に真っ直ぐに受け止めればいいのに、必ず褒《ほ》められると増長《ぞうちょう》する。思い上がり、付け上がる、天狗《てんぐ》になるんでございます。反対に、叱られるとどうなるかというと、いじけるんでございます。素直に物事を受け止めることができません。なかなか人間というのは通じ合わないもんですね。付け上がるかいじけるか、どっちかのほうに右往左往してお りますから、私たちの心というのは蛇でございます。真っ直ぐ素直でない心を蛇のような心だと、親鸞聖人はおっしゃっているんでございますね。

次に、蝎《さそり》のような心というのは何かと申しますと、蝎は尻尾に毒がございます。動物の世界では、尻尾を立てますと、これは「戦闘状態に入れり」ということになっておりますね。その反対に尻尾を下ろして、背中を向けますと、降参、白旗を上げたことになるんです。ところが蝎は尻尾に毒がございまして、向こうがウーッと唸《うな》ってきますと、すぐしっぽを下げましてね、後ろを向くんです。すると相手の動物は、あいつは降参したなと安心する。その安心したところを尻尾でチュッと刺す。相手を安心させ信用させておいてチクッとやるのが蝎なんでございまして、人間もだいたいそうなんですね。みなさま方がだまされるのは、すっかり信用させられて、最後にコロッとやられるんでございましょう。

私たちの世界というのは、だいたいみんな相手を信用させておいて、最後のところでどんでん返しをする。みんなそうですね。そこに蝎のような心がある。これを親鸞聖人は「こころは蛇蝎のごとくなり」とおっしゃったんですね。まぁ、普段はですね、私たちは常に他の人のことを考えているような大らかな気持ちで過ごしているんでありますが、いよいよとなったときにはこれ

（蝎の心）しかないんでございます。

で、「修善《しゅぜん》も雑毒《ぞうどく》なるゆへに」どんなに私たちが善いように見せましても、その善いように見せることが、最後のところでどんでん返しをするためにあったような善さでございますから、裏切る善か、またはみんなから褒められて最後のところで他の人を見下す善、つまり「私」はこんなに偉くなったけどあいつらは馬鹿だと、こういうふうになるのが落ちの善か、どっちかでございますから、「修善」つまり善を行なうことも、「雑毒」毒が抜けていない。

ですから「虚仮《こけ》の行《ぎょう》とぞなづけたる」といわれるんですね。「虚仮の行」というのは中が虚でございますから、実を結ばないということです。実を結ばない、実がないというのはどういうことかと申しますと、それは自他共に利益を受けることにならない、お互いによかったねということで終わらない、めでたしめでたしということにならないということですね。こういうわけで、だいたい私たちのやることはみんな、「虚仮の行とぞなづけたる」といわれるわけです。

こうして私たちが一生懸命になって、善い人と呼ばれたい、善い子と呼ばれたいと思ってやるところに、実は大きな落とし穴があるわけでございます。それを自覚をしていればよいのですけれど、だいたい私たちは自覚をしていないんですね。

慚愧の念

親鸞聖人の「雑毒《ぞうどく》の善《ぜん》」という言葉を頂戴してみますと、私たちの善の中には毒が混じっている、ところがその毒が混じっているということを知らずに、いつまでも自分が善人だと思って、他の人の罪を責めているのではないだろうか、それが私たちの身の回りの世界にたくさんの不幸を生み出している原因ではないだろうか、こういうことでございますね。

ですから、善者が善人ぶるといいますか、あるいは自分が善人だと思うことが、他の人にとっては大きな問題になっていることに気がつかないでいる。それがまた善人の困ったところでございまして、私は間違っていないという人に限って、問題が多い人でございます。そこに私たちの目を投じていきますというと、「善悪《ぜんあく》の二《ふたつ》、総《そう》じてもて存知《ぞんち》せざるなり」という親鸞聖人のお言葉は、私たちがいまいちばん大事にしなければいけないお言葉であろうと思うわけです。

何が善で何が悪であるか、お互いに罵《ののし》り合ってみても、そこからは何の実のあることも生まれてこないのでございます。まずもって私たちは、自分を知るということ、自分がいまどういう状態にあるかということを知らせていただくことが大事なんですね。

善いことをしよう、悪いことをしないようにしよう、というのは立派なことですけれども、いま自分は、どれだけ善いことができて、どれだけ悪いことが止《や》まないかということ、知らずに犯している罪がいかに多いかということに私たちが気がついていきませんというと、世の中は平和になっていかないのではないか、ということでございますね。ある人の歌に、

「子の罪を親こそ憎め憎めども
　捨てぬは親の情《なさ》けなりけり」

とございましたが、子どもの間違っているところを憎んではいるけれども、捨てないのが親の情《じょう》でございます。憎いんだけれども捨てない、そこに如来《にょらい》の大悲《だいひ》というものを頂戴していくんだと、こういうふうにおっしゃったお方がございました。これは私たちが真実なるものを深く頂戴していくということですね。

まずもってみずからの真実の姿を間違いなく知らしめていく世界にしか、真実のはたらきというものはないだろうと思います。ですから私は、親鸞聖人の真実というものはどこに遺憾《いかん》なく発揮されているかというと、それは「雑毒《ぞうどく》の善《ぜん》」というこの素晴らしい言葉の中に、親鸞聖人の如《にょ》来《らい》さまに会われた本当の真実の姿が遺憾なくあらわされているだろうと思うんでございますね。

親鸞聖人は、

「貪愛《とんあい》の心《しん》つねによく善心《ぜんしん》をけがし、瞋憎《しんぞう》の心つねによく法財《ほうざい》を焼《や》く」

とおっしゃっている。貪愛の心は我愛《があい》の心でございますね。瞋憎の心、これは怒り、憎む心でございますが、この二つの心をもつゆえに人は仏法《ぶっぽう》に背《そむ》くものになっていくわけです。

「急作急修《きゅうさきゅうしゅ》して頭燃《ずねん》をはらふがごとくすれども」

急いで修行《しゅぎょう》をいたしまして、頭に火が付いた、その火の粉を払うがごとくしても、

「すべて雑毒雑修《ぞうどくざっしゅ》の善《ぜん》となづく。また虚仮諂偽《こけてんぎ》の行《ぎょう》となづく。真実《しんじつ》の業《ごう》となづけざるなり。この虚仮雑毒《こけぞうどく》の善《ぜん》をもて無量光明土《むりょうこうみょうど》に生《しょう》ぜんと欲《ほっ》する、これかならず不可《ふか》なり」

こういうふうにお述べになっておりまして、一生懸命になって私たちが修行をし、立派にしようと思いましても、先ほどいいましたように、貪愛の心が善心をけがし、怒りの心が法に背いていくかぎり、それはすべて雑毒の善になる、こういうふうにおっしゃるわけですね。

この怒りの心というのは、自分の我愛の心が満たされないところに起こるんでございまして、自分の思いがかなわないときに腹を立てるんです。もとはといえば、みんなこの自分を善い子にしたいという我愛の心から起こるわけであります。この我愛の心を私たちが見つめていかないかぎりは、真実の行とは名づけられません、こういうふうに親鸞聖人はおっしゃっているわけであります。

そういうわけでですね、雑毒の善でしかないのに、「雑毒」ということに気がつかないで、みずからを善人のように思っているのは、それはしょせん善人ぶっているんでございまして、善人ぶることの中には慚愧《ざんき》の念がない、慚愧の念がないということが、お互いに相手に対する思いやりを欠いて、相争う原因になるんだろうと思いますね。お互いに「すみません」というところがございませんと、仲良くやっていくことができません。それがこの世の中ではないでしょうか。

そこで、「すみません」という心はどこからいただくのかというと、それは念仏よりほかには

ございません。我愛の心を押えて「すみません」という慚愧の心をいただくのが、お念仏のご利益《やく》《り》なんですね。

「他《た》の善《ぜん》も要《よう》にあらず、念仏《ねんぶつ》に勝《まさ》るべき善《ぜん》なき故《ゆえ》に」

念仏にまさる善はないからだと、こうおっしゃるんでございます。この世の中にですね、自分の我愛の心を押えて、慚愧の思いを与えてくれるようなものが、念仏をおいて他にあるだろうか、それはないんじゃないか、だからこそ『歎異抄』のいちばん最後に「善悪《ぜんあく》の二《ふたつ》、総《そう》じてもて存知《ぞんち》せざるなり」「ただ念仏《ねんぶつ》のみぞまことにておはします」といわれるゆえんがあるのではなかろうか、と思うわけでございます。

私たちはですね、善人面《づら》をすることの落とし穴というものを厳しく見つめられた親鸞聖人の、智慧《ちえ》の眼というものを、仏法を聞かせていただくことをとおして深く味わっていくのが「浄土真宗」であろうと、このように存じます。

親鸞聖人の『正像末和讃《しょうぞうまつわさん》』に、

「よしあしの文字《もんじ》をもしらぬひとはみな
まことのこころなりけるを
善悪《ぜんあく》の字《じ》しりがほは
おほそらごとのかたちなり」

という、えらく厳しいお言葉がございますので、これをご紹介しておきたいと思います。善悪についてよく知っているような顔をしている人ほど信用のできない人だから注意をいたしましょう、とおっしゃるんですね。これはまずもって私自身に投げかけられたお言葉であろうと思います。謹《つつし》んでお受けしたいと思います。

第三章　菩薩を仰ぐ——親鸞とその妻

親鸞聖人の往生

きょうは主に、親鸞聖人がお亡《な》くなりになったあと、その知らせをお受けになりました奥さまが書かれたお手紙を中心にお話をさせていただこうと思います。

『恵《え》信《しん》尼《に》消息《しょうそく》』というものが出ておりまして、大正十（一九二一）年に西本願寺のお蔵で発見されたものですが、これが親鸞聖人の奥さまご自身のお手紙なのでございます。わずか十数通ですけれども、日常的ないろいろな出来事がそれによってわかるのでありまして、親鸞聖人が比叡《ひえい》山《ざん》におられたときは、常行三昧堂《じょうぎょうざんまいどう》の堂僧《どうそう》という地位であったというようなことも、それによってわかってきたんですね。堂僧ですからあまり地位の高いお坊さんではなかったということもわかりますし、京都の北の六角堂《ろっかくどう》（頂法寺《ちょうほうじ》と申します）に百日籠《こ》もって後世のことを祈られた、そういうこともわかります。それから法然《ほうねん》上人のもとにまた百日通われたこと、あるいは「浄土三部経」（『無量寿経』『観無量寿経』『阿弥陀経』の三部）を千回読もうと発願《ほつがん》されたことも、親鸞聖人にまつわることとしてわかります。そのほかに親鸞聖人と恵信尼のあいだのお子さまのことなども、いろいろその手紙の中に出てまいりますので、そういう意味で貴重な資料がみつかったということになるわけです。

特に、きょうはその中の、親鸞聖人が亡くなられましたというお知らせにまつわるお手紙をとりあげてみます。親鸞聖人のいちばん末のお嬢さん、覚信尼《かくしんに》というお名前の人ですが、この方が親鸞聖人の亡くなられたことを母上にお知らせになったんだと思うのです。親鸞聖人と奥さまの恵信尼さまは晩年離ればなれでございまして、親鸞聖人は京都におられたようですが、恵信尼さまは越後《えちご》の国におられた。越後の国が生まれ故郷であったということになっておりますので、自分の生まれ故郷に帰って、なにかいろいろな仕事があったようであります。

べつに、ご夫婦仲が悪くて別居生活だったということではないようですね。お手紙を拝見いたしましても、「御影《ごえい》の一幅《いっぷく》、ほしく思《おも》ひまゐらせ候《そうろ》ふなり」〈ご肖像をどれでも一幅ほしいと思っております〉（訳文は春秋社刊 石田瑞麿著『親鸞とその妻の手紙』より引用、以下同じ）と書いてあります。形見《かたみ》にそういうものを送ってくれないかとおっしゃっていますから、べつにご主人をきらっていたわけではないようです。現在でいうならば写真が欲しいということになると思うんですが、そういうふうにおっしゃっておりますので、何かのやむをえない事情があって、離ればなれの生活を余儀なくされたんですね。

「去年《こぞ》の十二月《しわす》一日《ついたち》の御文《おんふみ》、同《おなじき》二十日《はつか》あまりに、たしかにみ候《そうら》ひぬ」、こういう書き出しで始まっています。十一月二十八日に親鸞聖人がお亡くなりになってすぐの十二月一日にその知らせを覚信尼さまが出されまして、それを同じ月、十二月二十日すぎに受け取った。こういうことでございますから、当時は京都から新潟まで手紙を送るのに二十日以上かかったことがわかります。今は一日ぐらいで着いてしまいます。したがって、このお手紙の返事は当然翌年になってくる。年が明けておりますから、「去年の十二月」と書いてあるんですね。このお手紙は二月に書かれたようです。弘長《こうちょう》三（一二六三）年二月十日付になっております。〈二十日すぎにたしかに拝見いたしました〉のあとに、「なによりも殿《との》（親鸞）の御往生《ごおうじょう》、なかなかはじめて申《もう》すにおよばず候《そうろ》ふ」〈どんなことにもまして殿のご往生は当然のことで、むろんこと新しく申す必要もありません〉と書いてある。この手紙でいちばんいいたかったのはこの部分ですね。〈殿のご往生は当然のこと〉、殿というのは親鸞聖人、ご主人の親鸞聖人が浄土にご往生なさったということは当然のことで、あらためていう必要がない。〈どんなことにもまして〉と書いてありますから、緊急を要する返事としては、このことが第一のことだったのですね。末の娘から見るとお父さんですが、あなたのお父さんが浄土に往生なさったことは、あらためていうまでもないんですよ、こういうふうにおっしゃっています。

なぜ、そういうことを返事の手紙の最初にいわなければならなかったのかと申しますと、お手紙の中に、奥さまとご主人である親鸞聖人の思い出を二つばかり述べたあとで、「されば御《ご》りんず（臨終）はいかにもわたらせたまへ、疑ひ思ひまゐらせぬうへ」〈ですからご臨終はどのようにおありでありましても、疑いをおかけしたことがないばかりでなく〉と書いてあるんですね。どうも、ご臨終がどのようにかあったんだろうと思うのです。そのことを末の娘さんが少し心配して、くわしくお知らせになった。要するに今の言葉でいうならば、眠るがごとくではなかったというようなことが書いてあったのではないでしょうか。それが少し末のお嬢さんにとって不安なことであったと察知したお母さまである恵信尼さまが、ご返事のいちばん最初に〈どんなことにもまして〉とお書きになった。いろいろ書いてあったけれど、まずあなたに何よりも申し上げておかなければいけないことは、主人が浄土に往生したことは〈当然のことで、むろんこと新しく申す必要もありません〉、つまりあらためて申す必要はないとおっしゃっている。

このお手紙が発見される前は、親鸞聖人の最期はただ、念仏が絶えることがなかったというふうに伝えられていたんですね。十一月の下旬のころから少し体調を崩されて床に伏せておられた。親鸞聖人は、二十日すぎから二十八日ぐらいまで、もっぱらお称名「南無阿弥陀仏《なもあみだぶつ》」ばかりおっしゃって二十八日にお亡くなりになったといわれていたのです。

しかし、気分のすぐれていたときはお念仏が出たと思うのですけれども、いよいよご臨終のときには、必ずしも眠るがごとく安らかに、お称名「南無阿弥陀仏」の声がだんだんか細くなっていって、途切れたなと思ったときが息が切れたときだった、というような理想的なものでなかったのではないかと思うのです。そのために、〈ですからご臨終はどのようでおありでありましても〉と母上の恵信尼さまが申されたのですね。ご臨終の姿がどのようであっても、私は主人が浄土に生まれたことを決して疑ったことがない、生前中から疑ったことがないと末のお嬢さんにおっしゃった。それがこのお手紙の最大のねらいだったと私は思うのです。

六角堂の夢告

そのあとに二つ思い出話を書いておられます。第一の思い出話は、

「山《やま》を出《い》でて、六角堂《ろっかくどう》に百日籠《ひゃくにちこも》らせたまひて、後世《ごせ》をいのらせたまひけるに、九十五日《くじゅうごにち》のあか月《つき》、聖徳太子《しょうとくたいし》の文《もん》を結《むす》びて、示現《じげん》にあづからせたまひて候《そうら》ひければ」〈比叡《ひえい》の山を出て、六角堂に百日お籠もりになって、後世のことをお祈りになったところ、九十五日目の明け方に観世音菩薩《かんぜおんぼさつ》が聖徳太子の姿をあらわされ、太子がみずからのお言葉を結びとしてお与えになるお告げをこうむりになった〉

比叡山を降りて六角堂頂法寺、現在の華道家元、池坊《いけのぼう》の発祥のお寺でありますが、そこにお祀りしてある観音菩薩に願《がん》をかけて百日間お籠もりになった。それは、後世の助かる道をお祈りになったものだったということです。

聖徳太子のお告げがなんであったかということはここには書いてありませんけど、このお手紙の第一紙の余白に、〈この書きつけは、殿が比叡の山で堂僧をつとめておいでになりましたが、山を出て六角堂に百か日お籠もりになって後世のことをお祈り申されたとき、九十五日目の明け方に観世音菩薩がお現れになってお授けくださったお言葉です。ご覧くださいという心づもりから書き記してさしあげます〉ということが書かれておりまして、〈書き記してさしあげます〉とまでは書いてあるんですが、書き記した書き付けは残っていません。

その内容については、これは推測の域を出ないんですけれども、覚信尼さんのお孫さんで本願寺を開かれた覚如《かくにょ》（本願寺第三代宗主。一二七〇—一三五一）という方がいらっしゃるんですが、この方がお書きになった親鸞聖人の伝記『御伝鈔《ごでんしょう》』を見ますと、そこに「六角堂の救世菩薩《くせぼさつ》」とございますから〈世を救う観音さま〉ですね、この救世菩薩（観世音菩薩）が、「行者《ぎょうじゃ》宿報《しゅくほう》設《せつ》女犯《にょぼん》、我《が》成《じょう》玉女《ぎょくにょ》身《しん》被犯《びぼん》、一生《いっしょう》之《し》間《けん》能《のう》荘厳《しょうごん》、臨終《りんじゅう》引導《いんどう》生《しょう》極楽《ごくらく》」とお告げになり、〈これは私の誓願〉つまり救世菩薩の願いだと書いています。そして、〈親鸞、お前もこの気持ちをよく心得て〉、「一切群生《いっさいぐんじょう》に聞《き》かしむべし」〈このことをすべての人にいいなさい〉、こうおっしゃったというんです。

この文章は、「行者」（修行する人）が、「宿報」の宿というのは過去世ですね、過去の昔からの行ないの報いとして、つまり宿業《しゅくごう》の報いとして、たとい「女犯」をするとしても、女性と結婚をするようなことになったとしても、「我」（私）つまり救世菩薩が玉女の身、女性の姿となって犯されましょう、そして一生の間よく荘厳する（よくお仕えする）、私が行者に一生の間よくお仕えして、臨終のときにはあなた（行者）を導いて極楽に生まれるようにいたしましょう、という内容のものです。行者も宿世の報いとして女性を好きになって、女性と結婚してもよろしい。私が女性の身となってお相手をいたしましょう。一生のあいだあなたにお仕えして臨終のときには極楽に生まれるように導いてさしあげましょう。こういう夢のお告げを親鸞聖人は六角堂で救世菩薩から受けたと覚如さんはおっしゃっているわけです。

次に、「行者」を「親鸞聖人」と読みかえてみましょう。そうすると、親鸞聖人がある女性を好きになり、結婚をしたいと思っているけれども、お坊さんは結婚してはならないことになっている。そういう悩みがあって六角堂に百日間お籠もりになって、さてさてどうしたものでしようかと尋ねられた。そこに観世音菩薩が聖徳太子のお姿となって現れて、〈結婚してもよろしい、その相手はこの私が引き受けましょう〉とお告げになったのではないかということになります。したがって、親鸞聖人の結婚なさったお相手は、観音さまの生まれ変わり、姿を変えたお方ということになるわけですね。そういうお許しを得たあとで、

「やがてそのあか月《つき》出《い》でさせたまひて、後世《ごせ》のたすからんずる縁《えん》にあひまゐらせんと、たづねまゐらせて、法然上人《ほうねんしょうにん》にあひまゐらせて、また六角堂《ろっかくどう》に百日籠《ひゃくにちこも》らせたまひて候《そうら》ひけるやうに、また百《ひゃっ》か日《にち》、降《ふ》るにも照《て》るにも、いかなるたいふにも、まゐりてありしに」〈そのままその日の明け方に六角堂を出て、後世の助かる縁に会いたいものと、法然上人のところを訪ねて、上人にお会いになって、再び百日のあいだまた六角堂にお籠もりになったように、降るときも照るときも、どんなたいへんな支障があるときもおたずねしていました〉

と書いてありますので、聖徳太子のお告げの言葉をお受け取りになって、そのままその日の明け方に六角堂を出て法然上人のもとに行かれ、法然上人のもとにも、再び百か日のあいだ、降るときも照るときも、どんな支障があるときにも、それをはねのけてお訪ねになったのであります。

親鸞聖人の帰依

親鸞聖人は『教行信証《きょうぎょうしんしょう》』のいちばん最後のところで、法然上人のもとに行って法然上人のお弟子になられことを「雑行《ぞうぎょう》を棄《す》てて本願《ほんがん》に帰《き》す」とお書きになっていますけれども、それは箇

単なことではなかったようですね。簡単なことでなかったというのは、百日間、降る日も照る日も必死の思いで法然上人の教えを聞いて、ようやくにして法然上人の教えに納得がいって、そして法然上人のお弟子になったのです。

そこのところを、この恵信尼《えしんに》さまのお手紙でも、

「ただ後世《ごせ》のことは、よき人《ひと》にもあしきにも、おなじやうに、生死出《しょうじい》づべき道《みち》をば、ただ一《ひと》すぢに仰《おほ》せられ候《そうら》ひしを、うけたまはりさだめて候《そうら》ひし」〈法然上人は後世のことは善人にも悪人にも差別なく生死の迷いを出ることのできる道だけをただひたすらお説きになっていたのをうけたまわり、これこそと心を決めてしまいました〉

と述べてあります。百か日間、法然上人はなんのお話をしておられたかというと、善人も悪人も差別なく生死の迷いを出ることができる方法をただひたすらお説きになっていたということになるわけですね。

それは要するに『歎異抄《たんにしょう》』の第二章の言葉で申しますと、「『ただ念仏《ねんぶつ》して、弥陀《みだ》にたすけられまいらすべし』と、よきひとの仰《おほ》せをかふむりて、信《しん》ずるほかに、別《べつ》の子細《しさい》なきなり」と、親鸞聖人が関東から訪ねてきたお弟子たちにおっしゃった。「よきひと」というのは法然上人ですね。

「よきひとの仰せ」すなわち法然上人の仰せは、「ただ念仏して、弥陀にたすけられまいらすべし」ということよりほかにないわけで、こういうことを法然上人はただひたすらにお説きになっていたわけでしょうね。

ですから百か日間、何日通っても法然上人のおっしゃることは同じでありまして、「ただ念仏して、弥陀にたすけられまいらすべし」。これが善人であれ悪人であれ、差別なく生死の迷いを出ていく唯一の道だとひたすらお説きになっていた。これをじーっと百日間、ほんとうにこれでいいのかなと思いながら、お聞きになりまして、そしてようやく、〈これこそと心を決めてしまいました〉。この「これこそ」が、いま申しました「建仁辛酉の暦、雑行を棄てて本願に帰す」という言葉と一致する。親鸞聖人の自分のお気持ちをお述べになりました言葉と、恵信尼さまのお手紙に書かれた言葉と合わせてみるとよく合うわけですね。

こうして心を決めてしまいましたから、

「上人《しょうにん》のわたらせたまはんところには、人《ひと》はいかにも申《もう》せ、たとひ悪道《あくどう》にわたらせたまふべしと申《もう》すとも、世々《せせ》生々《しょうじょう》にも迷《まよ》ひければこそありけめ、とまで思《おも》ひまいらする身《み》なればと、やうやうに人《ひと》の申《もう》し候《そうら》ひしときも仰《おほ》せ候《そうら》ひしなり」〈法然上人のおいでになるようなところには、人はどのように申しても、たとえ悪道に落ちていかれるに違いないと申しても、生まれ変わり、死に変わりして迷っていたからこそ、こうして生きてきたのだろうと思っているこの身でありますからと、さまざまに人が申しましたときもおっしゃったのです〉

ということになるわけですね。これはなかなか判然としない文章ですが、要するに、〈これこそと心を決めて〉しまわれましたから、〈法然上人がおいでになるようなところには、人がどのように申しても、たとい悪道に落ちていかれるに違いないと人が申しても〉、「私はついてまいります」とおっしゃったということですね。腹を決めてしまわれました、こういうことだろうと思うんですね。

そのことを〈生まれ変わり、死に変わりして迷っていたからこそ、こうして生きてきたのだろうと思っているこの身でありますから〉、つまり、生まれ変わり、死に変わりしているあいだずーっと迷ってばっかりおりましたから、こうして生きてきたのだろう――こうして生きてきたのだろうということは、地獄ゆきの種まきをしてきたのであろうと、自分を深く反省され、そういう身でございますから、法然上人とお供をして悪道にまいりますと、こういうふうに決心をして、〈さまざまに人が申したときもおっしゃった〉、人があれこれ、やめとけ、やめとけとおっしゃったときにも決然として、「私は法然上人についてまいります」と、こういうふうにおっしゃったのです、ということであります。

これを恵信尼さまがおっしゃったお気持ちは、ひょっとしたら親鸞聖人は、あんなにも苦しんでいかれたので地獄にいかれたのかもしれないという、末の娘さんのお気持ちに対して、親鸞聖人が地獄にいかれたとしても、それは覚悟を決めていかれたんであって、いやいやいかれたんではないですよと。おなじことは、『歎異抄』の第二章にも出てきます。

「自余《じよ》の行《ぎょう》もはげみて、仏《ぶつ》に成《な》るべかりける身《み》が、念仏《ねんぶつ》を申《もう》して、地獄《じごく》にもおちて候《そうら》はばこそ、すかされたてまつりて、といふ後悔《こうかい》も候《そうら》はめ。いづれの行《ぎょう》もおよびがたき身《み》なれば、とても、地獄《じごく》は一定《いちじょう》すみかぞかし」（念仏以外の修行を一生懸命やれば成仏できたはずの人が、念仏を申したために地獄に落ちたというのなら、そりゃ、だまされたという後悔もありましょうけれども、所詮《しょせん》念仏以外の行というものはできない私でありますから、地獄は私のいくところであります）

親鸞聖人の奥さまの先ほどのお手紙にある〈これこそと心を決められた〉の「これこそ」とは、まさにそういうことでありまして、「いづれの行もおよびがたき身なれば、とても、地獄は一定すみかぞかし」、法然上人のおっしゃる通りだ、法然上人のいかれるところには、人はどのようにおっしゃろうとも私はまいりましょう、こういうことであったろうと思うんですね。ですから、法然上人が「念仏を停止せよ」という朝廷のお達しにより土佐の国に流されるときに、親鸞聖人もまたいさぎよく越後に流されることになられた。それはもう「これこそ」と心を決めてしまわれた、そこにあったんだろうと思うんですね。

そういうわけで、たとえ地獄に落ちたって親鸞聖人、あなたのお父さんは決して後悔しておられませんよ、あなたが心配することはないですよ、と恵信尼さまはまずおっしゃったのだと思います。

恵信尼さまの夢

二つ目のエピソードをご紹介しましょう。

「さて常陸《ひたち》の下妻《しもつま》と申《もう》し候《そうろ》ふところに、さかいの郷《ごう》と申《もう》すところに候《そうら》ひしとき、夢《ゆめ》をみて候《そうら》ひし」〈さて、常陸の国の下妻というところにある坂井の郷というところにおりましたときに夢を見ました〉

常陸の国、すなわち茨城県の下妻市坂井というところにご夫婦がお住みでありましたときに、恵信尼さまが夢を見られた。

〈それはお御堂《みどう》の落慶法要《らっけいほうよう》のように思われ、東向きにお御堂が建っていましたが、初日の宵《よい》のお祝いとみえて、お御堂の前には立《た》て燭《あかし》が明るく輝いていました。その立て燭の西のちょうどお御堂の前に鳥居のようなものがあり、その横にわたしたものに仏《ほとけ》さまの絵像がおかけしてありますが、一体は仏のお顔ではなく、ただ光のまん中が仏の頭光のようでありまして、はっきりしたお姿はお見えにならず、ただ光ばかりが輝いておりました。もう一体ははっきりした仏さまのお顔でおいでになるので、これはなんという仏さまでおいでになりますかと申しますと、答える人はどなたともわかりませんが、あの光ばかりでおいでになるのは、あれこそ法然上人《ほうねんしょうにん》でおいでです。つまり勢至菩薩《せいしぼさつ》でいらっしゃいますよと申しますから、さてまたもう一体はと申しますと、あれは観音菩薩《かんのんぼさつ》でおいでになりますよ。あれこそ善信《ぜんしん》のご房《ぼう》ですよと申されるのに気がついて夢がさめたのです〉

かいつまんで申しますと、下妻坂井の郷で見た夢は、なにかお御堂が建った落慶の法要のようなお祝いの情景でありました。そしてそのお御堂の前にはたいまつが置かれていまして、そのたいまつの前に鳥居のようなものがあって、その横にわたした木に、おそらく二幅の絵が描かれたものが掛かっていた。一つのほうは頭光、光がパーッと差しているようなもので、あまり人の姿がよくわからない。もう一つのほうはちゃんと人の姿がわかった。それで、この方はどなたでいらっしゃいますか、なんという仏さまでいらっしゃいますかとお尋ねいたしましたところ、答えてくれた人がいたんでしょうね。その人がどういうお方かはわかりませんでしたが、その人がおっしゃるには、こちらのお方は法然上人さまで、勢至菩薩の生まれ変わり。こちらのほうは善信――善信というのは親鸞聖人の法然さまのお弟子としてのお名前――のご房で、観音さまの生まれ変わりですよ、と説明してくれた。で、ああ、そうかと思ったとたんに、夢がさめてしまった。なんだ、夢だったのかと、そのときは思った。

〈このような夢を見ましたものの、しかし、こういうことは人にはいわないものだと聞いていましたし、その上、私がそのようなことをいうとしても、だれも本当とは思わないに違いないのですから、まったく人にもいわないで、法然上人の御姿だけを殿に申しました〉

こういう夢を見ましたが、こういうことは人にいわないものだと聞いておりましたから、だれにもいわないでおりました。それに、私がそんなことをいいましても、だれも本当だとは思わないでしょうから、まったく人にも、こういう夢を見たなんてことはいいませんでした。でも〈法然上人の御姿のことだけを殿に申しました〉。ご主人の親鸞聖人にだけはそっと、実はこういう夢を見たんですよと、法然上人のほうのことだけをいったというんですね。すると親鸞聖人は、

〈夢にはいろいろと種類がたくさんあるが、その中でこれこそは正夢である。上人のことをあちこちで勢至菩薩の化身と夢に見た例は数多いと申す上に、勢至菩薩はすべて智慧だけのお方であるが、しかしまた光でもおいでになると申されたことでした〉

つまり親鸞聖人のお返事は、夢にはいろんな夢があるけれども、この夢はたぶん本当のことを示した夢だろうと申されて、法然上人のことをあちこちで勢至菩薩の生まれ変わりだという話はたくさん例がある、それに勢至菩薩というのはすべて智慧だけの菩薩ですから、はっきり見えないでパーッと光り輝いて見えたのではないか、とおっしゃられた。でも、

〈殿を観音と見たことは申しませんでした〉

そこまでは尋《き》いたのですが、向こうのほうにはっきりと見えるもう一人のお方がございまして、この方を実は観音菩薩だとおっしゃったんですよという話まではしなかった。

〈心のうちだけでは、その後は決して世間のふつうの方とお思いすることはありませんでした〉

しかしこの夢が正夢だとお聞きしてからというものは、自分の心の中だけでは、殿のことを世間ふつうの方とは思いませんでした。ですから、

〈あなたもこのようにお心得になってください〉

あなたというのは末の娘さんですね。

そのあとに、先ほど申しました〈ご臨終はどのようにおありでありましても、疑いをおかけしたことはありません〉という言葉が続いています。いいですね。恵信尼さまのほうからいいます

と、親鸞聖人は観音菩薩さまの生まれ変わりですから、世間ふつうの方とは思わずにお仕えしてきた。ですから、その方のご臨終がどのようであっても、浄土にお帰りになったということを私は疑っておりませんよ、ということですね。

お子さまへの言葉

特に、きょうみなさま方に申し上げたかったのは、二つ目のほうの、親鸞聖人を観音菩薩と夢に見て以来、親鸞聖人つまり自分のご主人のことを〈世間ふつうの方とお思いすることはありませんでした。あなたもこのようにお心得えになってください〉と、お母さまが末娘の覚信尼《かくしんに》さまに伝えている部分です。あなたのおとうさんは、世間ふつうの人と違って、観音さまの生まれ変わりだったんですよ、私はそう思ってお仕えしてまいりましたから、あなたもそのように心得てくださいね——そういわれたものですから、末娘の覚信尼さまは親鸞聖人を東山《ひがしやま》のふもとで荼毘《だび》に付して、いまの知恩院《ちおんいん》のすぐ近く、法然上人のお墓の近くにいったんは葬ったんですけれども、墳墓を改めて東山のふもとの大谷というところに移し変えて、そこに大谷本廟《おおたにほんびょう》という大きな御廟をお建てになろうと発願なさった。

そこは、覚信尼さまのご主人の小野宮禅念《おのみやぜんねん》というお方の所領です。小野宮禅念という人とご結婚なさった覚信尼さまは、ご主人の所領の土地を借り受けて、関東のお弟子さんたちに親鸞聖人の御廟《ごびょう》を建てたいと呼びかけられたところ、よかろうということになって、みんなでお金を出し合って立派な御廟、建て物のあるお墓ができ上がった。そしてのちにご主人からその土地を譲り受け、財産放棄してもらい、親鸞聖人の御廟としてお弟子たちみんなの共有財産になさった。つまり、覚信尼さまご夫妻は土地を提供し、関東のお弟子たちは代々この大谷本廟の維持管理のために協力する、そして覚信尼さま、小野宮禅念さんのお子さまが代々その管理人の役をお勤めすることになった。所有は関東のお弟子たちの全員の共有財産ですが、管理人は直接京都にいる私の子孫が代々いたしますということで話がついた。話をつけたのは末娘の覚信尼さまです。

そして覚信尼さまの子どものその子ども、つまり覚信尼さまのお孫さん、親鸞聖人からいいますと曾孫《ひまご》にあたる覚如《かくにょ》という人が、親鸞聖人の三十三回忌をお勤めをなさることになり、その三十三回忌を記念して大谷本廟を本願寺《ほんがんじ》と改められた。ただのお墓からお寺に変わったわけであります。そして親鸞聖人の亡くなった日を報恩講《ほうおんこう》と名づけて、親鸞聖人のご恩にみんなが報いる集まりといたしましょうということになって今日まで続いてきたわけです。親鸞聖人のご命日をこうして今日まで勤めてきた、そのもとをつくったのは覚如さまで、報恩講というものを定められてからですけれども、覚如さまが報恩講を定めるもとをつくったのはお祖母《ばあ》さまの覚信尼さまです。覚信尼さまの親鸞聖人をただの人で済ませてはならんというお気持ちです。そしてこの覚信尼さまのこのお気持ちはどこから来たかというと、そのお母さまの恵信尼さまが〈世間ふつうの方とお思いすることはありませんでした。あなたもこのようにお心得えになってください〉とおっしゃった、この言葉です。

奥さまがお子さまになんとおっしゃるか、その内容がとても大事だということです、よろしいですね。みなさま方が「うちの主人が亡くなって清々《せいせい》した」なんていったら、もうそれでおしまいでございます。三回忌も勤まりません。みなさま方がお子さまを前にして、「あなたたちのおとうさんは世間ふつうの人ではありませんでしたよ。あなた方もそのように心得てください」といったら、立派なお墓が建って七百五十回忌が勤まる、こういうことなんですね。

こう申し上げたところ、あるお方が、「先生、それはですね、親鸞聖人のような立派なお方だったら、奥さんもそうおっしゃるでしょうけど、うちの主人はねえ……」というんです。ところが仏教の話はそこからが大事でして、親鸞聖人は決して世間ふつうの人と違っていたんじゃないんです。

忍辱の心

親鸞聖人ご自身は、自分は決して偉い人間だとか、自分は悟りを開いたとか、そういうことは少しもおっしゃっていない。それなのに奥さまは、〈世間ふつうの方とお思いすることはありませんでした〉とおっしゃる。ご主人のほうは、自分は愚かだといっているのに、奥さまのほうは世間ふつうの人とは違う聖人だと、こういわれるのです。ここでございますね、ここが大事なんでございます。自分は自分のことを愚かだといっているのに、他の人は聖人だという。ここがふつうの人だと逆になるんですね。ふつうの人は自分を偉いと思うんですね。自分は愚かじゃない、自分ほど偉いものはないと、自分を聖人にしてしまうんです。自分を聖人にしますと、当然、他の人はみんなバカだ、アホだということになる。その違いですね。

親鸞聖人もきっと、覚如さまが伝えられた「行者宿報設女犯」という救世観音のお告げからしますと、奥さまを観音さまと思っておられたんでしょうね。たぶん、奥さまは世間ふつうの女房とは違うと思っておられたに違いない。そういう文献は残っておりませんけど、たぶんそうだと思います。だからこそ奥さまもまた、うちの主人は世間ふつうの人と違うといわれた。だけど、やってることは私たちと少しも変わらない。

奥さまが親鸞聖人のことを、世間ふつうの人と違うとお思いになったそのもとはどこにあるのか。ここから先は私の独断と偏見で考えた解釈でございますけれども、世間ふつうのお方とは違う、すなわち親鸞聖人は観音菩薩であるということですが、観音菩薩というのは、特に慈悲の心が深い菩薩でございます。この菩薩といわれる方たちの修行をまとめますと、布施《ふせ》の心（施《ほどこ》しの心）、戒《いまし》めの心、我慢《がまん》の心、努力《どりょく》の心、心を落ちつける瞑想《めいそう》の心、智慧《ちえ》の心――この六つのことを常に修行しているのが菩薩です。六波羅蜜《ろくはらみつ》といいまして、この六つのことを常に修行している方のことを菩薩というわけです。中でも、この菩薩の修行の中で大事なのは忍辱《にんにく》の心です。忍辱というのは、辱《はずかし》めに耐え忍ぶということですね。侮辱《ぶじょく》の辱という字ですから、侮辱されてもそれをじっと我慢する。これを菩薩の修行の徳目にあげてある。特にご夫婦のあいだでは、この我慢する徳が大きいんだろうと思いますね。

みなさま方、いかがでしょうか、他人同士ですとみんなはお互いに遠慮がございますから、あけすけに申しませんよね。ところが夫婦となりますと、いわなくてもいいことまでいってしまう、けっこう侮辱するようなことを平気でいってしまいます。だからいちばん傷つけ合うのはご夫婦でございまして、お互いにその辱めを我慢できませんというと、別れなきゃいけませんね。だからまあ、ご夫婦を長年やっておられる方っていうのは、お互いに辱めを耐え忍ぶということがないと、続かないだろうと思うんですね。特に、お互いにわがままでございますとね、わがままが出るんですね。

親鸞聖人は九十歳まで生きられたんですが、九十歳まで生きるということは相当わがままでないとならんだろうと私は思うんですね。それを恵信尼さまは耐え忍ばれた。みなさま方、どうですか、お互いに七十を過ぎてから離ればなれの生活しましょうって、これは相当わがままがなきゃいえないことじゃないですかね。どんな事情があったにしても、恵信尼さまって方も相当、私はわがままだったんだろうと思いますね。これはみなさんもわがまま、私もわがままなんですが、自覚しているかしていないかの問題だと思いますね。恵信尼さまはたぶん自分のわがままをよくご承知でありまして、よく知っていて、そして自分のわがままがついつい殿＝親鸞聖人を傷つけている、侮辱している、悲しませているということをよくご存じだったんだろうと思うんです。

だから私の主人は人並みはずれた、世間ふつうの人以上に辛抱強いお方である、忍辱の行を積んでいる。他の五つの徳もお積みであったと思いますが、特に夫婦の仲でいうならば、この忍辱の行、お互いに我慢をするというところがいちばん大きくて、そこに世間ふつうの人とは違うものを見ておられて、〈世間ふつうの方とお思いすることはありませんでした〉といわれた。ただ単に夢で見たというだけじゃなくて、その夢のところからもう一度現実を見たときに、私ほどわがままな人間はいないのに、そのわがままをよく許して辛抱してくださったあのお方は、世間ふつうの辛抱強さとは違いました。これが〈世間ふつうの方とお思いすることはありませんでした〉ということではないかと思うのです。

要するに、自分をどう思うかということがいちばんのミソなんですね。みなさま方は、私は相手のわがままを許してやっているほうだとお思いになりますか、それとも私のわがままを許してもらっているとお思いになりますか、どちらに思うかで話がまったく逆になります。恵信尼さまの素晴らしいのは、私のわがままをこれほど許してくれている主人は世間ふつうの人とは違いましたとおっしゃるところです。ふつうの人は、私ほど我慢した人はいないと思うから、死んだら清々したとなる。ここがミソでして、親鸞聖人は決して自分というものを立派だとはお思いにならなかった。自分ほどどうにもならないやつはいない、ということは、人に我慢をしてもらっている人間だということですね。そうおっしゃってる。奥さまもその教えを受けて、私ほど人に我慢をしてもらっている人間はいない、いちばん我慢をしてもらっている人が私の主人でございました。これは自分のわがままというものを深く掘り下げていかなければ出てこない境地ですね。

身のまわりの菩薩

浄土真宗の教えの素晴らしさというのは、自分の姿を掘り下げていくときにおのずから自分のわがままが見えてくると同時に、それを許してくださっているまわりの人たちが菩薩に見えてくることなんですね。みなさま方のまわりにたくさんの菩薩がいらっしゃるんですが、菩薩だと見えないのは、自分のわがままが見えていないからなんです。

たいていの人は、私ほど偉い人はいないと思っている。そういう人は、だいたい自分は仏さまと同じぐらい偉いと思っているんですね。そうするとまわりの人がみんな愚かに見えてくるんです。浄土真宗の教えというのは、掘り下げていきますと、私たちがいかに如来《にょらい》さま、仏さまから遠い人間であるかということがわかってきて、同時にまわりにたくさんの私たち以上に素晴らしい人たちがいらっしゃるということが見えてくる。浄土真宗の教えを学ぶというのは、私たちのまわりにたくさんの菩薩や仏を見いだしていく、見つけ出していく作業なんです。それは同時に、私自身というものの罪業といいますか、私自身の罪深さといいますか、人に迷惑をかけなければ生きていられない自分の姿を目をそらさずに見ていくということなんですね。

浄土真宗のみなさんには、長生きをするということは、それだけ罪を重ねることなんだという思いを深くしていただかないといけない。長く生きてきてよかった、長寿記録でもつくってやれ、この世界に生きていて楽しいからよその世界には行きたくない——そういう浅薄なことでは困るんですね。私たちが長く生きるということは、それだけ人さまに多くの迷惑をかけ、人さまにご辛抱をしてもらうことなんだということですね。

そこのところに目ざめていかれたのが親鸞聖人であり、奥さまであった。そうすると、いちばんとばっちりを受けるのは連れ合いでございますから、親鸞聖人は奥さまを観音さまと思い、観音さまが私を引き受けてくださった、だから私たちは夫婦でいられたと思い、奥さまのほうは奥さまで、この人は世間ふつうの人とは違っていましたと思っていた。それは、お互いに自分というものはいかにわがままであり、自分勝手であるか、自分の利益ばかりを追求するものであるかということを深く、罪深い存在として見すえていかれた。そこから、この私のわがまま、自分勝手な考え方をゆるしてくださっている人たちはみんな菩薩だと手を合わせていかれた。その世界がこのお手紙の始まりでございます。そのことを〈世間ふつうの方とお思いすることはありませんでした。あなたもこのようにお心得になってください〉とおっしゃっているんではないでしょうか。

これは親鸞聖人ご夫婦が私たち一般の人間と違っていたんじゃない。私たちとおんなじだったけれども、目の付けどころが逆だったということだけなんです。私たちも考え方を逆にし、私が世話をしてやっているという考え方をひっくり返して、世話をさせていただいておりますということになったら、手を合わせていかなきゃならなくなりますね。そうすると、亡くなって清々したんじゃなくて、世間ふつうの人と違っていたからそう心得てくださいよと、こうなりますね。そうするとお子さんたちも、ああ、違っていたのかということで、みなさま方の七百五十回忌もたぶんめでたく勤まるでありましょう。

そういう世界を親鸞聖人ご夫妻は私たちに示してくださっている。決して親鸞聖人ご夫妻がふつうの人と違った生活をしておられたわけじゃないけれども、ものの見方が私たちと一八〇度違っていた。そこのものの見方の逆転するところを私たちに教えていただいて、自分の身のまわりにたくさんの菩薩方が私たちを守ってくださっている。私たちのわがままを引き受けてくださっているんだということを、きょうはお互いに確認し合って、今年一年が無事に過ぎたのは、いかに私たちのまわりに多くの菩薩がいてくださったことか、それを私たちはこれまで忘れていた、自分が菩薩だと思っていたのが、大きなボタンのかけ違いであったということをお互いに確認して、来年はボタンのかけちがいを見落とさないようによい年を迎えたいということになりましたら、今年一年がめでたし、めでたしということになるのではないでしょうか。

（本章中〈　〉で示した部分は、春秋社刊　石田瑞麿著『親鸞とその妻の手紙』「恵信尼消息」二一四―二一七頁より引用）

第四章　仏教における智慧と愛

三帰依文

みなさんでお唱えします「三帰依文《さんきえもん》」は、「仏《ほとけ》に帰依《きえ》したてまつる」「法《ほう》に帰依したてまつる」「僧《そう》に帰依したてまつる」ということですけれども、それぞれの文末の「無上意《むじょうい》を発《おこ》さん」「智慧海《ちえうみ》のごとくならん」「一切無碍《いっさいむげ》ならん」これがやっぱりいちばん大事なところでございまして、「無上意を発さん」というのは、どこまでも理想を高く掲げて、これ以上ないという究極までたどり着こうということですから、みなさま方も見果てぬ夢を抱き続けて命《いのち》尽きるまで理想を追い求める、これが仏に帰依する心になるのだということです。

「智慧海のごとくならん」というのは、海のように徳《とく》の高い人物になろうということです。海はすべてのものを受け入れる抱擁力のあるものの象徴でございます。万川終帰と申しまして、すべての川は最後には海にたどり着く。どんな濁《にご》り水も清《きよ》らかな水もすべてそれを受け入れて、そして同じ塩味の海水の味に変えてしまう。川よりも徳が高いわけです。川はそれぞれ濁った水やきれいな水がございますが、海はそれをみんな一つの塩味に変えてしまう。そういう抱擁力のすごさですね。

と同時に、海はすべての死骸《しがい》を岸に打ち上げてしまいます。すべてのものを受け入れながらも、正邪《せいじゃ》の区別がないわけではない。困ったもの、好ましくないものはすべて岸に打ち上げてしまう。

海にはそういう厳《きび》しさもあるわけです。その広さと厳しさが海の徳ではないかと思いますが、私たちも智慧を学んで、その智慧が海のような人物になろう、ということであります。

それから、「一切無碍ならん」いろいろなものに対してさわりないものとなろう。これはよく水にたとえられます。「岩もあり、木の根もあれど、さらさらと、ただ さらさらと水の流るる」というのです。水の徳、それから空を行く雲のごとく、東から風が吹けば西へ流れ、西から風が吹けば東に流れる。「かかわらず、こだわらずして大空を心軽げに白雲の行く」これを禅宗《ぜんしゅう》では「行雲流水」と申します。雲行くがごとく、水流るるがごとく、さわりがないというわけであります。それを一切無碍ならんというのでございます。雲水とはそういう生き方をする人のこと。

大乗《だいじょう》仏教は、自分だけがそうなればいいというのではなくて「衆生《しゅじょう》とともに」、自分だけじゃなくて、みんながそうなるようにしていこうではないかという精神になっております。そういう意味で「三帰依文」をいただくと、いつもありがたく思われるのでございます。

理の世界

さて、私たちが生きている世界には「理《り》」というものがあります。理性の理、ルール、法則というものがある。私たちの住んでいる地球もそうですし、宇宙全体が一つの理にもとづいて動いている。ばらばらめちゃくちゃではないわけでございます。太陽は東から上って西に沈むというこの理は、人間がこの地上にあらわれようがあらわれまいが、人類が生存しようがすまいが変わらない。今年は太陽が東から上がったけれど、来年は南、あるいは西かもしれないというようなめちゃくちゃなことはない。宇宙は規則的に動いているわけです。

東京工業大学の本川達雄先生が研究なさいまして、『ゾウの時間 ネズミの時間――サイズの生物学』（中公新書）という本を出されまして、私、たいへんおもしろく読んだのです。ゾウは体内時計が非常にゆっくりしているので長生きをする、ネズミは体内時計が非常に速く進むものですから寿命が短いというんです。心臓の鼓動、心臓が収縮して血液を全身に送り出す一回一回のスピードがゾウのほうが遅くて、ネズミのほうは速いらしいんですね。ゾウもネズミも、何回だったか忘れましたけれども、ほぼ同じ回数鼓動するとだいたい寿命が尽きるのだそうです。ということは、速く鼓動すると寿命が短くなりますし、ゆっくり鼓動する動物は長生きになります。

そうすると、人間もせっかちな人はせっかちに人生が終わっていき、ゆっくりゆっくりのんびりやっている人は結構のんびり長生きするのかもしれないと思うのです。ご夫婦のうちでせっかちなほうが早死にで、のんびり屋のほうが後まで残るのかなと思いながら読んだ次第です。

動物にもそれぞれ寿命があって、それが極端に違うことはない。いきなり五百歳まで生きる人もいれば、二十歳にもならないうちに白髪が生えてくるなんて、そんなことはないということです。やっぱり人間は人間としてのある程度の成長期間があり、老化の期間があり、そして寿命が終わっていく。そのサイクルは、どんな生き物も、ある一つの法則にしたがっている。これはたしかでございます。そういうものを理《り》の世界というわけです。

理の世界ではお互いに優劣はない、これが大切です。鳥は上手に巣をつくります。人間はビルを建てますが、人間がビルを建ててそこに住むということと、鳥が上手に木の上に巣をつくるということとは優劣がないんですね。それぞれがめいめい自分たちの能力にしたがって自分たちのいちばんふさわしい巣をつくる、自分の住まいをつくるわけです。大地に穴を掘ってアリンコは自分たちの巣をつくります。それぞれが絶妙に自分たちにとっていちばんふさわしいものをつくる。人間にアリの巣をつくれといったってなかなかむずかしいわけです。人間に木の上に巣をつくってみせろといっても、鳥のように上手にはできない。それぞれがそれぞれの特性を生かしながら、それぞれの生き方をちゃんとしている。それはそれで実にうまく成り立っているわけであります。これが理の世界でございます。

中でも、すべての宇宙の理法というべきものは何かというと、まず、すべての宇宙の存在は時間という法則を受けているといいますか、時間という理法を離れて存在するものはない、こういうことです。二番目には空間でございます。空間の理法。空間というものの中にみな置かれております。時間と空間がすべてのものを制約している。これも確かでございます。それから、因果の法則もこの宇宙全体を動かしている法則でございます。四番目は、それぞれの生き物に本能というものが植えつけられている。それぞれの生き物の寿命も、その生き物に課せられた本能といってもよろしいかもしれません。最近はやりの言葉でいえば、プログラムが内蔵されている。コンピューターでいうならば、本能のプログラムがそれぞれの個体に内蔵されている。また、それぞれの種族といいますか、鳥は鳥、猪は猪、犬は犬、人間は人間、それぞれの種族によってそのプログラムが大きく違っていることも、これは一つの理でございます。

自然界の法則

そういう理法にもとづいて、すべての宇宙の存在はうまくお互いにぶつからないようになっているということでしょうね。しかし、これはただ単にお互いにうまく調整がなされて、その調整にはまったく変化がないかというと、そんなことはない。人間の寿命も、いきなり五百歳まで長生きする人がいたり、二十歳になって白髪になる人はいないわけですが、若干の変動はある。長生きをする、あるいは短命になる。同じ人類の歴史を見ましても、長生きをする人が増える時代と若死にをする人が増える時代があるんです。仏教のお経の中にも、人間の寿命は延びたり縮んだりすると書いてあります。私たちは、これまでは寿命が延びるほうに来たのですが、これからさらに延びるのか、頭打ちになるのか、あるいはもうだんだん短命なほうに針が振れはじめているのか。これはなかなか私たち自身にはわかりませんけれども、若干のブレはあるわけです。自然界といいますか、この宇宙は、すべてのものが常に一定であるとか固定であるということはなくて、常に若干の揺れをもつ、これが自然の調整力がうまくいくところなのです。常にお互いに若干揺れながらバランスをとるわけです。

実は、少しお互いが揺れないとバランスがとれないのです。

私たちはややもすると動かないほうがバランスがとれるように思いますが、そうでなくて、常に揺れ動くほうがバランスがとれる。ですから、みなさま方、サーカスの綱渡りの人。あの一本のロープの上を揺れながら歩いていくのはむずかしいだろうなと素人は思います。綱でなくて一本の棒にしたら、揺れないから、さぞ渡りやすいだろうなと思うかもしれませんが、綱渡りの人は揺れるほうが渡りやすいのだそうです。揺れないと、自分がバランスを失ってしまうと、もう元に戻せないのだそうです。綱渡りの人は必ずこういう長い棒をもって、そして棒と一緒に綱を渡っていきます。あれは棒で左右のバランスをとりながら、棒を動かしながらバランスがとれるわけですから、常に左右に振れながらバランスをとるのがいちばんバランスはとりやすいんですね。動かないというのは、バランスが崩れたときにはそのままどんどん傾いて行ってしまって元に戻すのはむずかしい。ですから、常に若干の揺れがあるほうがよいのでしょう。

それに、私たち宇宙にあるものはみんな、お互いに支え合わなければ生きていけないのです。一つだけで単独に成り立つものというのはこの宇宙にはないのです。しかし、お互いが全部支え合って生きているかというと、そこに生存競争というもう一つの競争原理もあるわけです。適者生存といいますか、環境にいちばん合ったものが生き残っていく。環境に適応できなかったものは敗れていく。そういう生存競争という競争の一面と、それからお互いに助け合うという相互扶助の一面と、理の世界はそのどちらか一方にするわけにはいかないのです。

昔は平等、平等といっていたのですが、このごろは自己責任といいます。護送船団方式でみんな一緒に行きましょうといっていたのが、これからはみんな一人ひとりの責任だぞということになってきています。一人ひとりの責任というのはある意味では競争ですよね。昔のようにみんなが平等にやりましょうといったら、助け合いになります。

一方では競争があり、一方では助け合いがあるのです。一方では自由が保障され、一方ではある程度の平等が認められなければいけない。でも、自由と平等というのは考え方が一八〇度違います。相互扶助と生存競争も、考えようによってはお互いに相反する物の考え方です。その相反するものが両方に少しずつ揺れながらバランスをとっていくのがどうも自然界の法則であるわけです。これが理であるわけです。そうやってどんどん増えていく種族もあれば、絶滅に向かう種族もある。一方的に絶滅していくということはないわけです。何かが減っていけば、何かが増える。何かが増えれば、何かがその犠牲になっていかざるをえないということで、宇宙全体はどうやらバランスをとっているようなんです。それが理の世界であります。そういう意味では、理の世界はすべて自然界の厳しい掟《おきて》にしたがって、それを一歩も抜け出ることはできない。先ほど申しましたような法則は、宇宙に存在するすべてのものが免れることのできない約束事になっている、こういうことであります。そういう意味でいうと、人間は命をもらって生きているものでございますから、人間は命をもらって生きているというその約束事を免れることができません。

命があるから死ぬ

みなさま方は、命があるから生きていると思っている人が多いと思うのですが、これは根本的な間違いです。命があるから生きているのではなくて、命があるから死ぬのでございます。命のないものは死なないんです。このコップは命がありますか。このコップは命がございませんから、コップの命が年をとるとか、コップが病気になるとか、死ぬとかということはないわけでございます。このまま大切にしておけば、千年でも二千年でもこのままの状態を保ちうるのでございます。ところが、人間は命があるために、千年、二千年、いつまでもガラスと同じようにその形をとどめることはできないのです。

命あるものは必ず老いと病《やまい》と死をそれ自身がもう抱え込んでいるわけです。ですから、命あるものは存在しつづけるのではないのでありまして、命があるからこそ必ず死ぬという法則の中にあるのです。このお花も命あるものですから、どんなに肥料をやって水をやっても、秋までこの状態を続けるということはないわけです。この花にはこの花の生命の一応の約束事がございますから、夏が来れば当然花も落ちていくはずであります。命というものはそれ自身が変化をする、そういう法則性をそれ自身がもっているのでありまして、とどのつまりは命あるものは死ぬことを、もうオギャアと生まれたときから約束事としてもっているものなんですね。

命があるから生きているのではないのです、命があるから死ぬのでございます。もしみなさま方が死ぬのが嫌だというのなら、命を自分の体から抜くことでございます。蝋人形のようにすれば、みなさま方はそのままの状態で、ずうっと千年も二千年も存在しうるかもしれません。ミイラのように命を抜き取って、そして今の状態のままを防腐剤の中に漬けて腐らないようにし、今の状態が全部動かないような工作をすれば、みなさま方は永遠に今の状態を続けることができるでしょう。しかし、それは命はないのでございます。ですから、命をいただいているものの法則は、死ぬことをあらかじめ約束されているという法則なんです。ここを今の人は間違えている人がいるから話がおかしくなるんですね。繰り返しますが、命があるから生きているのではありません、命があるから人は必ず死ぬのでございます。仏教では、命をもっている人は死の準備をしなきゃいかん、死ぬ覚悟をどこかで決めなきゃいかん、死ぬ用意をしなさいよ、というわけでございます。

ところが、みなさま方、死ぬ話をいっこうにしたがらない、したがらないうちに死が来てしまいます。それでよろしいのでしょうか。このことをわれわれは考えなければいけないですね。

というわけで、理の世界、人間はそういう天地自然の法則の世界に生きております。これはもう紛れもない事実です。ただ、そういう法則の中に生きているのだということを犬や猫は知っていないんじゃないかと思うんです。人間はそういうことなんだと自覚することができる、知ることができる。そういう意味で、人間は理の世界にいるだけでなく、理法を知ることができるという智の世界に生きている。そこが人間の動物との違い目です。

智の弊害

その智というのは、ただ単に今がそうだというだけの智ではなくて、類推する力ももっている。ある予測をする力をもっているんですね。それが人間のすぐれた点である。今を知ることができるというだけだったら、今しかわからないんです。ところが、人間は類推する力がありますから、この調子でいくと来年はどうなるかなとか、一週間のうちにたいへんなことになるのでは……と、完全ではないけれども、ある程度先を考えます。先を考える力がある、あるいは過去を振り返る力をもっている。これはなかなかほかの動物にはないところではないでしょうか。ほかの動物にも少しはあるかもしれないけれど、それが著しく備えられているのが人間の智の世界ですね。

そういう意味で、人間が人間らしいというのは、先を読む、常に先のことを考える、あるいは、過去を常に振り返って反省する。そういうものがあって初めて、人間がただ単に動物であるばかりでなく、動物より一歩も二歩も違った存在としてこの世に生きていることになるわけです。

それを私たちは智の世界として大切にしていかなければならないわけでありますが、この智の世界というのは、私たちが宇宙の法則について知ることによって、ただ単にそれを知りえたというだけでなくて、知ることによって将来予想される好ましくないことを避けようとする、あるいは、知ることによって、もっとこの点をやっていけばよくなるのではないかというふうに、法則を自分たちのために利用する、そういうことをわれわれが考えるようになっているわけです。そして、それによってますます智というものが膨らんでくるわけでございます。

スズメやメダカの学校というものがあるのかもしれませんけれども、スズメやメダカの学校が人間の学校に追いつかないのはなぜか。それは、スズメやメダカの学校よりも宇宙の法則について知りえたことが、人間の学校のほうがはるかに多いからです。そしてまた人間はそれを蓄積していく。その蓄積をしていく力もまたほかの動物に比べてはるかに多いわけでありまして、そこが人間の力に動物たちがどんなに頑張っても追いつかないところでございましょう。

そうやって、私たちは学校で知識を学ぶことによって自然界のあらゆる法則を身につけて、それを利用していく、そのことによって人間の生きている世界を広げてきたわけでございます。ところが、ただ単に宇宙の法則を利用して、そして自分たちにとって都合のいいように生きていくということだけでは十分ではないわけです。それでは最後には矛盾に陥ってくる。私たちは一生懸命になって、自然というものを破壊しながら人間の住む世界を拡大してきているのです。

早い話が、地球上に人間の数が急増しているのです。今から千年も二千年も昔だったら、地球上にこれだけの人間がいたら、ほとんどの人は食べていけなかったでしょう。ほんのひと握りの人以外はお食事がいただけない、こういうことであったはずなのですが、いま地球上にこれだけの人間がいて、みんなが何とか生きていけるというのは、それはうまく自然の法則を人間が利用して、そして自分たちの数が増えても生きていく方法を考え出したからです。けれども、それは自然の世界を人間にとって都合のいいものにどんどんつくり変えていっているということです。それがある意味では自然を破壊することになっているという矛盾があるのです。

最近の研究の結果ですが、小さなごみ、ほこりといってもいいのですが、そういうものがたくさん空中にあると雨が降らないのだそうです。私たちの常識では、雨が降らないから、からからに乾燥してごみが立ち上がるのだろうと考えるのですが、実は、ごみが立ち上がって空中に浮遊すると、雲ができにくくなって、雨が降りにくくなるのだそうです。ということは、私たちが森林を伐採して、そしてそこからほこりをパアッと空中にまき上げますと、そこは雨が降らなくなるということです。雨が降らなくなると、ますますほこりが立つわけですから、これは悪循環でございます。そういうわけで、ほこりがないようにすれば雨が降ることになります。人間が増えれば増えるほどほこりが立ちますから、雨が降りにくくなる、こういうことをいっていました。

物において我を見いだす

そういうふうに自然界は破壊されてきているわけでありますが、その自然界と人間界、私たちはただ単にすぐれた智をもって自然界を破壊するだけではいけない。宇宙の理法と、それから理法を知りうる私たちの智の世界とが融合する必要があるのです。宇宙全体の理をことごとく頭の中にもって、理の世界と智の世界とが同じ大きさになっている、そういうことを理想として掲げたのが仏教なのです。仏教ではそれを「理智不二《りちふに》」といいます。理の世界と智の世界が二つではなく、一体化している状態のことですが、そういうあり方を私たちは求めなければいけない。その理の世界と智の世界が一つになった世界を仏さまの世界というのでございます。

私たちの智の世界は、なぜ宇宙、自然を破壊するようになっているのかというと、私たちがこれまでに蓄えてきた科学的な知識、学術の智の世界というのは「我《われ》において物《もの》を見いだす」、つまり私の中にあらゆるものを取り込んで、そして私の思いどおりに組み立てようとするからです。これに対して、仏教の智の世界は一八〇度違っておりまして、「物《もの》において我《われ》を見いだす」、一つひとつの物の中に私というものを置いていくのでございます。これは、今の言葉でいえば、共感の世界でしょうね、他の人のところに我が身を置いて考えるのです。

一つ、喩《たと》えで申しますと、親が子どもを〝我《わ》が子〟だと思いますと、〝我《われ》〟が先に立ちますから、私の思うようにこの子を育てるにはどうしたらいいか、ということになりますね。子は親の思いどおりにしつけられ、親の思いどおりにするのが教育だという話になります。自分の所有物でございますから、私の思いどおりにしてもよいということです。我《わ》が財産、我《わ》が土地ということになりましたら、土地も財産もみんな私の思いどおりにつくり直していこう、つくり変えてよいというのと同じ発想なのです。これが学術です。

それに対して、「物において我を見いだす」ということは、子どもの姿の中に私を見いだすわけでございます。子どもを見ていると自分がよくわかる。子どものあの癖を見ていると、あの欠点は私の欠点とそっくりだと思いますと、怒れないんです。ほかの人を見ていても、あの人もあ あいうところで失敗するのは私と同じだなと思ったら、同情はしても、叱るわけにいかない。ですから、物の中に我が姿を見ていく形は、共感することはあっても自分の思いどおりにしようということにはならないわけであります。あの人の中に私の姿が見えてくる、そういう逆の発想であります。あの人が幸せになることが私の幸せなんだ、こういうふうに思える世界が「物において我を見いだす」、すなわち仏教の智の世界なのであります。私の思いのためにあの人を利用するのではなくて、あの人が喜んでくれることが私の喜びなんだとなってくる世界です。

そういうかたちで智をもっと高めていかなければならないではないかというわけでございます。

完成された教育

物において我を見いだすというあり方は、仏教以外にも芸術がそうです。松を写生しているうちは、松の研究をしているのと同じです。だから、松の学術であって芸術ではない。松の絵を描くという技巧が身についてまいりますと、松を描いているのだけれども、そこにあるとおりの松の絵を描いているのではない、松の姿を描くことを通して、描いている画家の理想がそこに打ち出されていく。芸術とはそういうものです。松は借り物であって、松を借りて、自分が出ていって松になっている、それが松の芸術なんですね。芸術家が描いた松というのは、自分の理想の松を描いたものなのです。そこにある松をそのまま描くのだったら、写真を撮ったほうがいい。写真でも、写真が芸術になるのは、ただそこに松があるという証拠写真を撮るのではなくて、どこからどういうふうに撮ったらその松がいちばん美しく見えるかということを考えて、シャッターを切った場合です。本当の芸術的な写真を撮る写真家は、その瞬間をとらえているわけです。ですから、松がいちばん美しくみえる瞬間、光の状態、空の状態、背景のあらゆる状態を考えて、朝から晩までずうっとそこに三脚を立ててシャッターのタイミングを待ちながら、いちばん美しいと思う瞬間にパチッとシャッターを押すわけです。それは、私たちが漫然と見ている松の姿をそのまま、ここに松があるよ、記念に写真を撮っておこうかという写真とは全然違うものになります。その人の理想がそこに打ち出されている。そういうふうに自分を物の中にあらわしていく。それはまたその物を最も美しくあらしめることでもあるわけです。芸術とはそういうものです。

したがって、仏教は仏《ほとけ》さまの芸術であるというふうにもいえます。

私たちはそういう意味で、学術の勉強は必要だけれども、学術の勉強で終わったらいけないのです。松の絵を描く人は、松をよく観察して、どこから葉っぱが出ているか、どこから枝が出ているか、それをよく観察して松を描く。これは学術としても大切なことですね。絵を描く人はみなデッサンをする。人体のデッサンをする人たちも骨格の勉強までちゃんとするのだそうです。表にはあらわれておりませんけれども、人間の肩甲骨《けんこうこつ》はどこにあるとか、背骨はどうなっているかとか、どこに筋肉があるとか、そういうことを一応勉強した上で、人物を描くわけです。けれども、それだけでは学術で終わってしまいます。それをさらに芸術にまで高めていく必要がある。そうしないと本当のものにはならない、そこが重要であります。

したがって、芸術と学術はたいへんな違いがある。そうした芸術と学術の違い目のわからない人が世の中にたくさんいるが、これがはっきりしないと、教育というものは学術と芸術の組み合わせですから、その組み合わせがうまくいかず、教育は完成しません。

また、逆に、学術というものは一般化するという一つの性格をもっています。つまり、どこでも通用するような一般的な法則を見つけていこうとする。それに対して、芸術というものは個性化するものです。ほかの人とそっくりな丸写しの絵を描いたって、そんなものはだれも認めませんね。反対に、日本で通用するかもしれないけど、ヨーロッパで通用しないような学問は学問になりません。どこでも通用するようなものが学術であります。しかし、日本の芸術とヨーロッパの芸術がまったく同じだったらあまり意味がないわけです。

学術は一般化するところに値打ちがあるが、芸術は個性化するところに価値がある。そういう意味で、一般化だけでもいけないし、個性化だけでもいけない、その両方が備わらないと教育は完成しないのだということでございます。学術と芸術はまったく違った方向をもっているので、その両方をきちんと見詰めていくことが必要でございます。

智の障りと情の障り

ところで人間は、物を自分のほうに取り込むというのは、教えなくても、だんだんに智慧がついてくるとできるようになるものです。けれども、物の中に自分を見いだしていくということはなかなかむずかしいのでございます。それほど簡単なことではない。みなさま方も勉強してそこその頭のいい人間になることはできますけれども、世界に自分ひとりといったような個性を発揮する芸術家になるのはなかなかむずかしい。それはなぜかと申しますと、人間には「智《ち》の障《さわ》り」と「情《じょう》の障《さわ》り」があるからです。

人間が理の世界と智の世界を一つにして宇宙大の仏さまの智慧《ちえ》を身につけていくときに、それを阻《はば》むものが人間の中にあるのです。それが「智の障り」と呼ばれるものでございます。智の障りというのは、理解ができないということです。人間は、どちらかというと、自分の間尺《ましゃく》に合わせて物事を考えますから、自分が考えられないことは、どうしても理解できないことになります。そういうのは理解ができないとか、疑わしいとか、そういうことであります。

それに対してもう一つ、たとえ理解力がすぐれていても、「情の障り」がある。この情の障りというものは、感情的なものでありますから、とても厄介《やっかい》なわけでございます。智の障りのほうは、ある程度理屈を考えていくというと、こうしなければならないということはだんだんわかるようになるのですが、それでも、そうしたくないという気持ちが起こります。理とはまったく逆のことをしたいと思う心が人間の中にあるのです。これが情の障《じょう》り《さわ》です。早い話が、「わかっちゃいるけどやめられない」——ここに情の障りのむずかしさがあるわけです。

この情の障りを私たちは何とか取り除かなければいけないのですが、その方法のひとつとして、仏教では「禅定《ぜんじょう》」ということを教えています。心を静める、心を落ちつかせるのでありますが、座禅をすることで冷静に物事を見ていく訓練をします。座禅に取り組むことによって、気持ちを集中させ、それを通して情の障りを取り除いていくのです。

それは、ある意味では、外に向いていた私たちの関心を自分の内側に向けていくことです。外のほうにばかり関心をもって、外のものを取り込んで自分の思いどおりにしようと思って、相手の欠点ばかり見つけて、あそこが悪い、ここが悪い、あれがいいから自分のものにしたいと思っていたのを、眼を自分のほうに向けることによって、本当におまえはそれでいいのかと自分の心によく問いただしていく。おまえはそれがいいと思うかもしれないけれども、相手の身になったらどうなのだろうと自分で自分に聞いてみる。そういうことが情の障りを克服していく上で大事なのです。

外にばかり目が向いていると、自分の感情をそのまま外に向かってストレートに出してしまう。だから、情の障りをコントロールしていくには、外に向かっていた私たちの心の目を自分の内面に向かってもう一度深めていくことが必要なのです。それがないと、情の障りを静めていくことができないわけです。だから、自分で自分のことを自問自答するといいますか、そういう内面の心の動きを座禅は教えているわけです。

もし私がこういうことをしたらあの人が悲しむんじゃないかとか、あの人に迷惑がかかるんじゃないかと思ったらそういうことはできないですよね。だからあの十七歳の犯罪を犯すような子どもたちでも、もし自分がこれをしたら、お父さんはどうなるんだろう、お母さんはどうなるんだろう、自分の兄弟はどうなるんだろう、あるいは自分の家族は私のことをどう思うだろうと、両親に見えている自分の姿、兄弟の心の中に映っている自分の姿に自分自身が気づいたら、できないはずだと思うのです。

今そういう「他のものの中に自分を見いだしていく」部分が欠けています。自分の思いどおりにするにはどうしたらいいかということだけでいきますと、むしゃくしゃしたらやってしまえということになるんじゃないでしょうか。でも、あなたがそんなことをしたら、あなたを愛しているお母さんがいちばん悲しむよとだれかがいってあげて、そうかもしれないなと本人が思ったら、母を悲しませてまでやることなのかな、親の期待を裏切ってもやることなのかなと思うのではないでしょうか。自分のことを信頼してくれている人がいるとか、愛してくれている人がいるとか、そういう人びとの信頼や愛を裏切ってはいけないんだという思いだけが感情の暴発をとめていくのだと思うんです。

だから、自分が他の人にどう思われているかということの見きわめが大事なような気がするのです。それを自分の心の中でちゃんと考えていく。それには自分で自分に自問自答していく禅定が必要になる、ということでございます。

智慧の慧

そういうふうにして自分の内面をしっかりと見すえていくと、智慧《ちえ》の慧《え》という世界があらわれてきます。智《ち》の障《さわ》りと情《じょう》の障《さわ》りを除き、智も情も磨き抜いた果てに出現する差別のない世界です。仏教は学びの道を進めて悟《さと》りの道に入っていくこと、智慧を進めて慧にしていくことを目標としています。だから仏教はすべての学問を歓迎しますが、学問をやってそれっ切りで終わらないようにしなければいけない、学問の世界に引っかかって身動きが取れないようでは困る、それをさらに進めていかなければいけないと教えます。

それなのに、学問・研究のところに停滞して鬼の首でも取ったように考え、それ以上に進むことを知らない人がいます。学術をやって学術万能の病気になる、法律をやって法律万能、哲学をやって哲学万能、経済をやって経済万能の病気になる人がいますが、仏教はそれに反対します。学術をどんどんやり、仏教がいっていることは素晴らしいなというところにまで進んでいくことが大事です。そのように永遠に前進する研究になれば、それこそ仏教の教えにしたがうものです。そういうふうに智が進んで慧になっていくような学問を仏教は歓迎しているということです。

それは、ある意味では、分析を主としていた知識が総合的なものになっていく、分析智から総合智へ進んでいくことです。そうして、総合的な慧の世界に入ると、そこからまた個別的な実際の問題に対応する対応智が出てきます。仏教でいえば、方便《ほうべん》の力ですが、このように展開していくのが本来のあり方です。知識の智力は展開し、総合的に物事を見ていく慧力となり、個別的な対応を図っていく方便力となる、このように智力↓慧力↓方便力というふうに展開していくことが大事ではないかというわけです。

そういうふうになりますと、私たちは、人格全体が映徹《えいてつ》され、照破《しょうは》され、明らかにくっきりと闇を破って白日《はくじつ》のもとに人格の全体が見えるようになります。それは宇宙大の人格です。宇宙と大きさが同じほどの人格になるということです。現実にそこまで行ったらもう悟りの世界に行った人でございますが、そういうものを得る可能性の根本が私たち人間にはあるから、仏性《ぶっしょう》があると説かれているのです。仏性というのは仏《ほとけ》の性質です。人間には仏の性質が備わっていると書かれているのです。そこまで私たちは行く可能性があるのですから、宇宙大の人格にまで人格を高めていくべきだと仏教はいっているのでございます。

東洋の智慧は、智から入って慧に行って、慧から方便へと出ていく、そういう循環です。その循環の中で、みんなが宇宙大のスケールを身につけていくということでございます。

四摂法

最後に愛の問題ですが、仏教では自己向上と相互扶助の調和が必要と考えています。自己向上というのは人間としての切磋琢磨《せっさたくま》です。切磋琢磨も避けられないが、相互扶助（お互いの助け合い）も必要で、この二つのものが融和していくことが大事ということです。

そのための方法として仏教には四摂法《ししょうほう》というものがあります。私とあなたがお互いに助け合っていく相互扶助の原理を実践的に説いたものです。私たちはこれを大事にしていくことで切磋琢磨と相互扶助を融和させていくことになります。

ただ、愛を実践するといっても、キリスト教の「汝《なんじ》の敵を愛せ」というのとはまったく違っています。仏教にはもともと敵という考えはありません。私は味方で、あいつは敵というぐあいに、敵と味方を分けた上で敵を愛するのではなく、敵という観念をなくしていく愛でなければいかんというのが仏教の理想です。

四摂法の実践の第一は布施《ふせ》でございます。施《ほどこ》しをする。それも、してやるのではございません。させていただくわけでございまして、仏教では、施しをするという実践は、施しをする側がお礼をいいます。私たちは物をもらいますと、普通はもらったほうがお礼をしますが、仏教では施しをした側がお礼をいうのでございます。もらったほうはお礼をいわなくていいのでございます。施しをすることのほうに意味があるので、もらうことのほうに意味があるのではないんです。ですから、もらうほうはもらってあげたのでございます。あの人に徳を積ませてあげたのですから、何も礼をいう必要はない。この精神がないと、これからの高齢社会は成り立たないと私は思うんです。介護してもらった側がお礼をいって、介護してやった側がありがたく思えといったら、介護の世界は成り立ちません。でも、介護してあげる側がお礼をいって、介護してもらう側が、おまえたちに徳を積ませてやったんだからありがたく思えといったら、これは成り立ちますよね。みなさま方はどんどん子どもたちに介護してもらう。させてやるのでございますよ。

でも、本当はそうだと思うんです。親が自分の親たちを介護している姿を見て子どもが育つのですから、子どもに大切なものを教えているわけです。そういう意味では、自分のお父さんやお母さんはおじいちゃん、おばあちゃんを大切にしているなという世界の中で、お父さん、お母さんはその徳をもって子どもに影響を与えているのだと思います。ですから、決して看病をするということは、看病する側が何の得もなく、してあげるだけで終わっているんじゃないんですね。看病させてもらうことを通して、看病する者はその人徳を高めさせてもらっているわけです。

施しもそうです。施すという行為をとおして、その人間の人格が高められている、徳が得られているわけです。それには、受けてくれる人がいませんと施しようがないのですから、ある意味では、私なんかのように親元を離れていますと、親の看病をする、親の看取《みと》りをする機会がないです。そうすると、親を看病するという経験を私はしないわけです。しない分だけ子どもから尊敬されないだろうなと私は思います。楽かもしれません。楽かもしれないけれども、楽をした分だけ、子どもや他の人から尊敬されるような種まきをしていない、徳は身についていないということです。親の看病をするそのご苦労は大変でしょう、でも、大変だけで終わっていない、その大変さの中で自分がいただいた徳があるはずでございます。だから、みなさま方も十分子どもたちに看病させてやってください。これもまた大事なことだと思うのです。

そういうことがなくなると、人間同士が尊敬するということがだんだん少なくなります。徳を積んでいないわけですから、尊敬すべき徳がないのです。徳は苦労しないところには積めません。楽していて徳は積めません。徳がなければ人を動かすことはできないのではないでしょうか。だから、親の面倒をみないで楽して、それで子どもに親のいうことを聞くようにといっても、それはどだい無理でございます。

だから、私は幼稚園のお母さんたちにいうのです。お母さんたち、あなた方は今からよい子におなりなさい、よい子になるというのはどういうことですか、あなた方は親に対してこれまでいうことを聞いてこなかったんじゃありませんか、親に反抗してきたのではありませんか、これからはお年寄りや親のいうことをよく聞くように、今それをすることが、子どもに親のいうことは聞かなきゃいけないということを教えることになりますよ、身をもって示すことになりますよ、と。

ところが、もう二十、三十歳になって一人前になったのだからと、親のいうことをきかないで、年寄りの時代と今の時代は違うとかいって親のいうことに耳を傾けないと、それを孫が見ていて、あ、親のいうことはみんないちいち反発すればいいんだなと身をもって学ぶことになるのです。自分自身が親のいうことを聞かないでおいて、子どもが親のいうことを聞かないと文句をいったって、自分自身がそういう種まきをしたのですから仕方がない。まず自分がよい子になれば、おのずから子どももよい子になっていく。一生懸命になって子どもに、よい子になれ、よい子になれといいながら、自分は全然よい子じゃない。そこが今の社会の狂っているところでしょうね。そういう意味で、まず第一は施し、布施でございます。

次に、施すものがない人にもできる施しが愛語《あいご》です。優しい言葉です。施すものがない人は言葉をかける。私は学生たちにいっております。おじいちゃんやおばあちゃんにいろいろな世話をしてあげることができたら素晴らしいけれども、君たちも勉強が忙しい、アルバイトが忙しい、遊びが忙しいから、おばあちゃんたちに何のよいこともしてあげることができないと思う。けれども一つだけできることがある。「おばあちゃん、おじいちゃん、何もしてあげることができなくてごめんね」と一言いえばよろしい。そうすると、何とこの子は心が優しい子だろうといって、君の誕生日に小遣いぐらいくれるだろう。（笑）お茶一杯注《つ》がなくてもいい。「おじいちゃん、おばあちゃん、ごめんね、注いであげられなくて」と一言いえばいいんだ。この一言があるかないかが大事なんだよ。そんなことをいってもいわなくても、あげないことは同じじゃないかというかもしれませんが、そこが人間というものは物だけで生きているのではないんですよね。その一言が私たちには身にしみるわけでございます。あの子は心やさしいと。そういう意味で愛語が大事でございます。だから、施しができなくても、「ごめんね、できなくて」という一言で、もらったのと同じぐらい温かになるわけでございます。これが二番目の愛語でございます。

三番目は利行《りぎょう》といいまして、相手の利益になるように行動をするということです。直接間接いろいろな形があると思いますが、相手の利益を考えて行動する。逆をいえば、我が田に水を引くような自分の利益を考えて行動しないということです。相手の利益をまず考えて常に自分の行動をする。しかし、そういうこともできない場合がございます。何も相手の利益になるようなことができない場合には、同事といって、これは、その人の今のあり方と同じ状態に身を置いていくといいますか、その人のそばにいるといいますか、その人と同じ立場になることでございます。これが第四番目。

さっき申し上げた看病とか介護というと、若い人は、どう看護していいかわからない、どう介護したらいいかがわからないから、だんだん行くのが嫌になるといいます。でも、看病も介護も何もしなくていいんですね。そばにいるだけでいいんです。そばにいてくれるだけでよろしい。その人を一人にしないということでも十分それは成り立っているんです。みなさま方にとって、病気になったりして、あるいは体が思うようにならないということの中で何がいちばんやるせないかといったら、そのつらさをだれもわかってくれないという精神的なつらさのほうが、肉体的なつらさよりもはるかに重いと思います。ですから、わかってくれる人がいるということほど心強いことはありません。わかってくれる人は何もしなくたっていいんです。そばにいるだけでよろしいんです。

看護や介護の場面で、気をきかしたつもりになって、頑張りなさいとかいう人がいますね。しかし、病気の時は、頑張りなさいといわれたって頑張りようがない。どう頑張ったらいいかわからないのに、頑張りなさいと励ます、それが気のきいた言葉になっているって思うのはかえってマイナスでしょう。そんなことをいうよりも、黙って傍《そば》にいることです。

「何かできることがあったらいってね」というだけでいいんです。「何かしてほしいことがあったら何でもするから、そのときにはいってくださいね」といっておけばいいんです。それを、お茶が欲しいかもしれないと先回りして、「はい、お茶」とか「はい、ケーキ」とかいわれたって、欲しくないときにもってこられた場合、せっかくもってきてくれたんだから食べるふりをしなきゃいけないとか気を使わせたら、よけい堅苦しくなってしまうことになりますから、それはかえってマイナスでしょうね。それよりは、何もいわないけれど傍にいてくれる、これほど心強いものはございません。最近の介護の現場でもこのようにいわれております。これだけしてあげたとか、いわないまでも顔にありありとみえるようなのはいただけませんわね。

そういうわけで、切磋琢磨と相互扶助の両方を超えた一つの大きな愛の実践を仏教はいっているのであって、それは今いったような四つの行ないを実践していくことではないかといわれております。

第五章　三つの宝

当たり前のことに気づく

仏教とは何かということを説明するとき、第一に挙げられるのが、「三つの宝《たから》」と呼ばれるものです。一般には三宝《さんぼう》と申しております、この三宝というものが仏教の根本の精神ということになると思いますので、きょうはそのお話をしようと思います。

「三宝」、三つの宝というのは、「仏・法・僧」です。仏《ほとけ》さまと法《ほう》と、そして僧《そう》です。僧というのは、一般にお坊さんのことを「僧」というふうにいまはいう人が多いですけれども、もともとは僧というのはお坊さんのことではなく、お坊さんの集まりである僧伽《サンガ》（saṅgha）というのが名前なんですね。仏教の修行をする仲間、あるいはその集団を僧というわけですが、この三つが仏教における宝だということであります。

宝というのは宝石ということでありますから、いちばん大切なものです。で、私たちが生きていくうえでいちばん大切なものは何かといったときに、仏教では「お金」とはいわないということでございます。お金がいちばん大切なのではない。「お金が大切ではないんだったら、じゃあ、家族だ」と、こういうふうにいう人もいますが、仏教でいちばん大切なのは家族でもありません。さらに「お金でも家族でもなかったら、じゃあ友人だ」という人がいますが、友人も宝ではありません。仏教のいちばん大切なもの、大切にすべきものは、仏さまと法と、そして仏道を歩んでいく仲間であると、こういうふうにいって三つの宝というわけでございます。

この三つの宝は、もともとは二つだったんですね。つまり、悟《さと》りを開いた「仏さま」と、仏さまによって明らかにされた「法」が最初の宝でございます。「僧」というのは、後から生まれたものです。つまり、お釈迦さまが悟りを開かれ、弟子たちにその教えを伝えられて、仲間ができ、その後に教団ができた。よって、この教団が三つ目の宝ということになりまして、その後は仏・法・僧の三つを宝というようになったわけであります。

第一の宝が仏さま、つまり「悟る」ということです。私たちがこの世に生まれてきて何がいちばん大切かといったら、悟ることです。悟るというと、このごろあまり使わないのでわかりにくいのですが、もっとくだいていえば、「気づく」ことです。この人間に生まれてきていちばん大事なことは、この世の真実に気づくこと。みなさま方がこの世に生まれてきたゆえんは何か。地位や名誉や財産を手に入れることが、みなさま方のこの世に生まれてきた目的ではありません。私たちがこの世に生まれてきた目的は、この世の真実に気がつくことで、これが仏を宝とするということでございます。ですから、この世の真実に気づく人になろう、みなさま方の長い人生、山あり谷ありだろうと思いますけれども、どういう人生であれ、自分が目指して歩むその目標が何であるかというと、この世の真実に気づく私になろう、こういうことでございます。この世の当たり前のことを、当たり前といえる人になりましょうということですね。こういうと、みなさま方は「そんな簡単なことはないだろう」と思うかもしれませんが、こういうお話があります。

みなさま方もご存じかと思いますが、中国の唐《とう》の時代に、漢詩を書く有名な詩人で白楽天《はくらくてん》、別名白居易《はっきょい》ともいう人がおられました。この白楽天という人が、あるとき、修行をしていたお坊さんに、「仏教とは何ぞや。ひとことでいってみろ」と尋《たず》ねましたら、「それは、善いことをして悪いことをしない。そして心を清らかにすることだ」といわれたそうです。すると白楽天は、「善いことをして悪いことをしないで、心を清らかにする？　そんなことはだれでもわかっている、当たり前のことじゃないか」といったんですね。そうしたらその偉いお坊さんは、「仏教の教えは三歳の子どもでもわかることだけれども、八十歳の翁《おきな》でも実行するのはむずかしいことだ」と答えたといいます。悪いことをしないで善いことをして、そして自分の心を清らかにする、これは三歳の子どもでもわかる、当たり前のことだ。しかし、当たり前のことを当たり前に行なうことができたら仏教の教えは要《い》らないですね。当たり前のことが、なかなか当たり前に行なえないのが私たちの現実だということに私たちは気づかなければいけないですよということです。

みなさま方もご存じの道元《どうげん》（鎌倉初期の禅僧で曹洞宗の開祖。一二〇〇―五三）禅師という方がいらっしゃいますね。鎌倉時代に禅宗《ぜんしゅう》を日本に伝えられた大事なお方でございますが、この道元禅師は当時、中国の宋《そう》という国に留学をなさいました。そして、天童山というところにおられた如浄というお坊さんのもとで勉強をなさって帰ってこられたんですね。留学し、勉強してこられたバリバリの道元禅師に、さっそくお弟子さんたちが聞きました。「宋の国に行って何を学んできたのか、勉強してきたことをぜひ教えていただきたい」と。すると道元禅師は、「花は紅《くれない》　柳は緑　目は横に　鼻は縦に」といわれたんですね。お弟子さんたちは、「花は紅、柳は緑なんて当たり前じゃないか、目が横についていて鼻が縦についているのも当たり前じゃないか、どこの世界に人間の顔で目が縦についている人がいるか、そんなものはいないじゃないか」と、こんなふうにいうわけですね。そうしましたら道元禅師は、「いや、仏教のお話は、当たり前のことを当たり前という。それが仏教の教えなんだ」といわれた。

さようなら

だけど、この当たり前のことがなかなか行なわれないんですね。早い話が、この世に生まれてきたものは人間だけではございません。犬や猫でもゴキブリでも、ここにあるカーネーションであろうが百合であろうが、この世に生まれてきたものは、すべて必ず死なねばならない、これも当たり前のことなんです。ですからみなさま方も、死ななければいけない時は死ななきゃいけないんですよ。だけど、「みなさま方みんな死ぬんですよ」といわれて、そんなの当たり前じゃないかと思っている人は、この中に一人もいないんじゃないかと思うんですね。できることなら死なないようにしてくれないかとか、あるいは、できることならポックリ死なせてくれないかとか、みんなそういうふうに思っているんじゃないでしょうか。

だけど、「死《し》の縁無量《えんむりょう》」と申しまして、私たちが死ぬときの縁というのは、どんな死に方になるか、どんな死にざまになるかだれにもわかりませんし、その死に方は無量、つまり際限なくあって、まさかと思うようなことがきっかけで死ぬことがある。お正月にお餅を喉《のど》に詰まらせて亡くなる人もありますからね。きょうの帰り、みなさま方大福餅を食べて、それで喉に詰まらせて死ぬということだって、笑い話のようですが、ないとは限らないんでございますしね。

これはもう、いつどこで、どういう形で死が訪れるかということはだれにもわかりませんが、しかし確実なことは、だれもみなこの世に生まれてきた人は死ななければならないということでございます。これは、当たり前といえば当たり前のことですが、みんなそれを嫌がっているんですね。できることなら死は先に延ばしたい、こう思っていますから、みなさま方も、みのもんたの番組を一生懸命見て、健康にいいとなりましたら、みんな買い込む。きな粉がいいといったらきな粉を、ココアがいいとなったらココアを、最近は、突然おじいちゃんやおばあちゃんがコーヒーを飲み出した。私の近所でもそうですが、なぜ飲むかといったら、「コーヒーはボケ防止になる」ということらしいんですね。だれが流行《はや》らせたか知りませんけれども、本当にコーヒーを飲んでボケないですむんだったら、これほどいいことはないでしょうけど、そう簡単には問屋はおろさないんじゃないかと思いますね。みなさま方も、お金で健康が買えるならこれほどありがたいことはないと思って一生懸命ご努力をなさいますけれども、まぁ、努力の甲斐《かい》もなくみんな死んでいかねばならないことだけは確実でございます。

それから、世界中でこんな言葉はないだろうというのが、日本の文化として誇るべき「さようなら」という言葉なんです。中国語で「さようなら」というのは「再見」といいまして、再び見ると書きますね。英語などでも、シー・ユー・アゲィン（See you again.）、「また会いましょう」といいます。ドイツ語でもアウフ・ヴィダーゼーエン（Auf Wiedersehen.）、ヴィダーゼーエンというのは「再び会う」という意味ですね。ですから、だいたい洋の東西を問わず、別れの言葉をいうときには「また会いましょう」というのですが、日本語は「さようなら」といいます。

これは、「さようならば、仕方がありませんね」ということです。「さよう」というのは、「さようでございます」というときに使うように、「そうでございます」ということですね。「さようならば」というのは「そうであるならば」ということですから、「そうであるならば、仕方がないですね」と、こういうわけです。

「そうであるならば」というのはどういうことかというと、それは仏教がいっているとおりでございます。当たり前のことで、「会者定離《えしゃじょうり》」ということです。会者の「会」というのは会うという意味です。「者」というのはもの、人、死者の者です。ですから会者というのは会った者。「定」というのは決定の定で、決まっている、定まっている。「離」というのは別れる、別離の離ですね。このように、仏教では会者定離といって、会った者は必ず別れなければならない。これはこの世の真実、この世の法則です。出会った人は必ずどんなに名残惜《なごりお》しくても別れなければならないというのがこの世の約束事です。この世のならいです。名残は惜しいけれども、別れたくはないけれども、会った人は必ずどこかで別れなければならない、「さようならば、名残惜しいけれども仕方がないですね」と、こういう意味でございます。

ですから私たちは、仏教でおっしゃっているとおり、当たり前のことを当たり前としてわれわれが受け止めてまいりましょうという意味で、「さようなら」というんですね。みなさま方はそういうことも知らないで、「サイナラ、サイナラ」といっていますけれども、これは仏教の文化に裏打ちされたすごい言葉なんですよ。だから、会うが別れの始めでございますから、そのことにちゃんと気がついて、そしてちゃんと対応していく、こういうことです。

そういうわけで、仏《ほとけ》さまというのは、当たり前のことを当たり前と気がついて、その当たり前のことにちゃんと対処していくことのできる人になっていきましょうと説かれたわけです。これが仏さまをよりどころにする、仏さまを宝とするということです。ですから仏さまというのは、気がついた人ということで、悟《さと》った人、あるいは目覚《めざ》めた人と申しますね。それでみなさま方も覚悟《かくご》――「覚悟」という字は両方とも「さとる」という意味です。「覚」という字は目覚めるということです。仏さまのことを覚者《かくしゃ》といいますね、目覚めた人、仏陀《ぶつだ》というのは覚者である。ですからこれは目が覚める、気づく、さとるということで、覚悟の「悟」という字も、さとるということですから、みなさま方、「覚悟はできているか」「覚悟はいいか」といいますね、これは当たり前のことを当たり前としてちゃんと引き受けるだけの腹ができているかということです。

人間の死亡率は一〇〇パーセント、みんな死ぬんですから、みなさま方も死を受け入れるだけの覚悟はできているかと、こういうことですね。この世に生まれてきたものは、必ず死を免《まぬが》れないのですから、「その死に対する覚悟はできております」と、こういうふうにいえる人になっていこうよということなんです。これが仏さまを宝とするということでございます。

死を見つめる

現代人は死をタブー視している、死ということについてできるだけ考えないように考えないようにして、死を遠ざけているけれども、これは正しい生き方ではないということで、最近は「死の準備教育」と申しまして、お互いに死ということをもっと日常的に話し合える生活をしよう、常日頃から死について話し合うことのできる生き方をしよう、ということになってきています。

最近の若い人たちが、何事も一生懸命やらないのはなぜかといいますと、これは、死ということを考えないからです。なぜ死ということを考えないかというと、平均寿命が七十を超えて八十歳、九十歳ということになりますと、二十歳やそこいらの若い人から見ると、もう四倍もあるわけです。自分の生きてきた時間の四倍も五倍もひょっとしたら先があるかもしれないと思うと、ずうっと自分の人生が長く続くように思うんですね。そうすると、死というのが本当に遠い遠い先のことだから、いま考えなくてもいいことのように思うわけです。

「死」ということをあまり考えませんと、一生懸命にならないですよ。みなさま方も、今晩死が訪れると思うなら、この講演会もきょうが最後ですから、居眠りなんかできませんよ（会場笑）。

来月も聴ける、さ来月も聴けると思うと、ついウトウトしますけれど、いやひょっとしたら私の人生これが最後かと思ったら、みんな緊張感をもって一生懸命になります。「さようなら」というのも、「本当にさようならになるかもしれない」と思ったら、心をこめて「さようなら」というと思いますよ。気休めに「また会いましょう」なんていえないということになります。

まだ大丈夫、当分大丈夫と思うと、人間は油断をするんですね。ですからいまの若い人たちは、一生懸命やろうとか、早くやろうというふうに思わないんです。大切なことはみんな引き延ばし。引き延ばしするから、いつまでたってもしっかりしない。これは、死というものはうんと遠い先のこと、自分にとってほとんど関係のない世界だと思っているために、毎日の生活がのんべんだらりとしてしまうのです。しかし、もっと死ということを切実な問題として考えたら、毎日毎日がもっと大切な生き方になってくるだろうと思います。

死ということを一生懸命考えたら、いかに生きるべきかということにも真剣になります。死ということをおざなりにして、まだ大丈夫まだ大丈夫というふうに死を真剣に考えないと、きょうをどう生きなければならないかということをもあまり切実になりません。だって、一週間後に私の人生が終わると思ったら、みなさま方、何を優先しますか。たぶん、花見に行こうとか、ラーメンの食べ歩きをしようなんて思わないはずです。私の遺産をどういうふうに配分して子どもたちに分け与えようかとか、私の身辺をどういうふうに整理しようかとか、子どもたちにみせてまずいものはみんな焼却しておこうとか、そっちのほうを優先するんじゃないでしょうか。これが、まだ十年も二十年も先だと思うから、それらをみんな明日に先送りして、とりあえず今を楽しむんですね。

ところが、そうやって当分大丈夫だと思っているうちに、ある日突然死がやってくる。そして、本当はいちばん大切なことをきちんとしておかなければいけないのに、二番目、三番目でいいことを優先してきた、遺書、遺言状を書いておけばよかったということになる。本当なら、正月ごとに遺言状を書き換えておくぐらいでちょうどいいんでしょうけれども、たぶんここにいらっしゃる方で遺言状を書いてちゃんと金庫に入れていますという人は、おそらく数人しかいないのではないでしょうか。

というわけで、だいたい私たちは、あまり死ということを真剣に考えない。死ということを真剣に考えないということは、生もまた真剣に考えていないんじゃないかということでございます。生を大切にしないということは、どうでもいいことを先にして、大切なことをみんな先送りにしてしまうということです。これが生を大切にしていないということですね。

では何が大切なことか、仏教では地位や名誉や財産は大切じゃないんですよと教えています。なぜか。みんなこの世に置いていかなければいけないものですから。みなさん、汗水を垂らして働いた結晶として、虎の子のように大事にしている預金通帳があると思いますけれども、「これが私が一生涯働いた結晶の預金通帳だからあの世までもっていきたい、私が死んだときには必ず棺桶《かんおけ》に入れてくれ」と遺言状に書いておいても、ちゃんと家族が蓋《ふた》を閉める前に抜き取るようになっています（会場笑）。あの世まで貯金通帳をもっていける人は、この中に一人もいない。みなさま方がどんなにこの世で得た財産が大切だといっても、あの世までもっていける人は一人もおりません。地位も名誉も財産も、この世が終わるときにはみんなこの世に置いていかなければならない。

縁起

では、あの世までもっていけるものは何でしょうか。それが、二番目の宝《たから》であるところの「法《ほう》」ということでございます。私たちにとって大切なものは法です。真実、宇宙の真理、これが私たちにとっての大切なよりどころであって、その真実に気づいていく、真実を明らかにするということを大切にしていかなければなりません。この世の真実にしたがって生きるということがいちばんわれわれにとって大切だということです。

それで、お釈迦《しゃか》さまはどういうことを法として明らかにしてくださったかというと、それは「縁起《えんぎ》」ということであります。私たちの世界は「縁《えん》」によって成り立っている世界であると。縁ということを忘れたら、この世の真実を知らない人だとおっしゃるのでございます。縁というのは何か、それは、物事は一つでは成り立たない、必ず二つ以上のものがなければならない。この世の中は相手なしには何事も成り立たない、何事も始まらない。必ずこの世の中で何かが起こる、何かが始まるということは、相手があって始まるわけで、相手がなければ話にならないということです。つまり、お互いがつながり合うことで物事が成立していく、つながることなしに成立するものは一つもありませんよということです。

　だから、自分だけがいい子になろうなんていうのは、仏教の考え方、この世の真実、この世のあり方に根本的に反している、自分さえよければいいという考え方は、この世の真実、この世の法則に反している、みんながつながり合って、みんなが分かち合っていく世界が、この私たちの世界の本当のあり方なんだということです。

　そこで、私たちが素直な形で、この宇宙の法則、宇宙の真実、宇宙の真理にしたがって生きる生き方はどういう生き方かと考えてみると、それは計《はか》らいのない生き方ですね。無心《むしん》な生き方、これがこの世の生き方にいちばんかなった私たちの生き方だということです。良寛《りょうかん》（江戸後期の禅僧・歌人・書家。一七五八―一八三一）さんという人は、「花は無心に花を咲かせて無心に蝶を招く。蝶はまた、無心にひらひらと飛びながら、その花の蜜を吸う」といっています。蝶は無心に花の蜜を吸いながら、花の雄《お》しべと雌《め》しべを受粉させます。これは花に対して、おまえに受粉させてやるのだからありがたく思え、おまえの蜜をもらうぞなんていってやっているわけじゃないですね。ただ蜜を求めて花に近づいて、そして蜜を吸うだけでございます。蝶が無心に蜜を吸うことによって、花は自動的に子孫を残していくことができる。だから、花も無心に花を咲かせ、蝶も無心に花の蜜を吸って、そして花と蝶はお互いに助け合って生きるようになっているわけでございます。

この世の中というのは、実にうまくできています。うまくできているというのは、お互いがお互いを助け合うようにできているということです。決して自分ひとりで生きられるようにはできていない、お互いがつながり合って生きていくようになっている。それが、この世のあり方、この世の法則、これを仏教では縁起《えんぎ》の法《ほう》といっています。つながり合う真実、仏教のいっていることは実に当たり前のことなんですね。当たり前のことを当たり前のとおりにすれば、何も問題がない。だから、人間も無心に生きて、その無心に生きるままが、他の人にとって素晴らしいお手本になったり見本になったりするということではないでしょうか。

煩悩

もうひとつお釈迦さまは、この世の中はお互いがネットワークで結ばれるような、そういうあり方でできているにもかかわらず、人間には煩悩《ぼんのう》という始末に負えないものがあるから注意しなさいよと、私たちに明らかにしてくださっています。この煩悩というものが人間に十はあるために、当たり前のことを当たり前にすることができない、これが人間のいちばん大きな問題なんですよ、ということを明らかにしてくださった。これも仏教の大事なところです。

人間はどこか宇宙の法則にしたがわないで、宇宙の法則に反抗する、そういう心をもっている。これが煩悩でございます。この煩悩というのはどこからかやってきたものでもない、人間の心の中から吹き出してくるものでございまして、お釈迦さまは、「これは鉄の錆《さび》のようなものだ」とおっしゃっています。鉄の錆というのは、鉄の表面に真っ赤にくっついてきますが、あれは外から錆がついたのではありませんね。鉄の中から吹き出たものが、あの赤い鉄錆でございます。そのように、私たちの心の中には吹き出してくるものがあるんですね。鉄の錆が中から出てきて表面を覆《おお》ってしまうと、最後に鉄は、赤い粉になって、弾力性も何もなくなってしまいます。同じように人間の煩悩というものも、人間の心から吹き出て、そして結局人間をダメにしていくものだということです。

自分で自分の首を絞めるようにしていくものが、この煩悩なんです。この煩悩というものをほったらかしにしておいたら、自分の人生をダメにしていくだけではなくて、人間の社会も最後には首を絞めるようなことになるでしょうということを、もう二千五百年前に予告しているわけです。だんだん人間の文明も終わりに近づきつつあるのかもしれませんね。

結局、人間がつくり出したいろいろなものによって、人間が生きられなくなりつつあるのではないでしょうか。私たちも、こうやって原子力のおかげで昼間から電気をつけて、明るい生活をしておりますけれども、この原子力発電で使ったウランが燃えたあとの残りカスというのは、放射能を含んでおりますから人体にはたいへんに有害なものですが、この原子力発電で使ったあとの灰をどう始末したらいいか、これがわからないんですね。現在はドラム缶に入れてどこかの山の中の地下に隠しておこうかとか、あるいは深い海の底に沈めてしまおうとかいっていますが、隠しておいても放射能がなくなるのに何千年とかかるそうですから、その間にドラム缶が朽ちてしまえば流れ出すし、どうするんですかという大きな問題です。私たちはこの原子力のおかげでいま電力を供給してもらって、いろいろな文明を享受しておりますが、これが孫《まご》の世代や曾孫《ひ》の世代には、みんな死の灰というツケになっていくんですね。ですから、ひょっとしたらみなさま方、私も含めてですが、孫や曾孫の代に、私たちの墓はこっぱみじんに打ち砕かれるかもしれません。「あの爺《じい》さんや曾《ひい》爺さんたちが道楽をしたために、私たちは今こんなに死の灰におびえ、暮らしにくくなった。環境も悪くなった。あの爺さんや曾爺さんたちが原子力なんていうわけのわからないものを使ったからだ」といって、孫や曾孫に恨まれる時代が来るかもしれません。

湾岸戦争（一九九一年）でいちばん問題になったのは化学兵器です。サリンだとか炭疽《たんそ》菌とか、あるいは細菌とか化学物質で、建物は壊さなくても人間だけが死んでしまう、そういう薬品をばら撒《ま》かれたら一発です。血を流すわけではないけれどもみんな死んでしまうという、これもまた恐ろしい兵器です。そういうものをばら撒いてしまいますと、もうそこの土壌からできた作物は食べられませんし、そういうふうにして地球上を全部汚染してしまったら、人間の生きるところはなくなってしまいます。

だから、人間がつくり出したいろいろなものが、最後は人間を滅ぼしていくのだとしたら、文明というものも結局は人間が人間を滅ぼしていくためのものになってしまう。これは自分で自分の首を絞めるような行ないですね。天に唾《つば》をするようなものだということにもなりかねません。

そういう自分で自分を滅ぼしていくような恐ろしいものの考え方を人間の心は抱え込んでいる、これをそのまま放置していたらとんでもないことになるんだよ、ということを教えてくださったのがお釈迦さまで、それを煩悩といっております。

この煩悩の中でいちばんの根本にあるものは何かといったら、「わが身が可愛い」、自分さえよければいいという思いです。湾岸戦争でも、アメリカはアメリカさえよければいい、イギリスもイギリスさえよければいいと思っていたわけですね。フランスは湾岸戦争に反対でしたが、もともとあそこに石油の利権をもっており、それをアメリカに取られるのが嫌だっただけともいわれていて、わかりにくいところがありますけれど、いずれにしろ自分さえよければいいという煩悩が争いのもとになっていることだけは確かです。自分さえよければいいという煩悩が人間の心の中にあって、これが国として、自分たちの国さえ繁栄すればいいという考え方になっていくと、国と国の争いになるわけですね。自分たちの民族さえ繁栄すればいいということになると、ヒトラーのように、ゲルマン民族は優秀だ、ユダヤ民族は全部皆殺しにしてしまえというような話になってまいります。

これが「我愛《があい》」という煩悩《ぼんのう》です。このようにお互いに自分に都合のいい物の見方をしますと、自分にとって都合のいい人は味方だけど、自分にとって都合の悪い人は敵だというふうに、敵味方を分けることになる。そのようにして私たちの煩悩というものは、自分と自分の仲間、相手と敵とに分けて、争いを生み出していく。

こうして、お互いがつながり合っている、お互いに相手なしには生きていくことができないという根本原理が見失われていくわけですが、大問題ですね。

そういう意味で、法《ほう》ということ、この世の真実、これを明らかにし、かつ、この世の真実に背《そむ》いていく私たちの心というものをしっかりと見据《す》えていく必要があります。これが、法を宝とするということです。法というものを大切にしていくということが宝だということですね。

人間の煩悩というものは、なくそう、なくそうと思っても、なかなかなくなることはございません。だから私たちは、いつも自分の煩悩に対して注意深くしておかなければなりません。ちょっとでも油断すると、知らぬ間に煩悩がチョロッと出てしまいます。そういう意味で、煩悩のことを仏教では「漏《ろ》」ともいいます。秘密漏洩の漏《ろう》ですが、仏教読みでは「ろう」ではなく「ろ」といいます。煩悩というものは気がつかないうちにポロッと漏《も》れる。みなさま方もポロッと漏れることがあるでしょう。いわなくてもいいことがポロッと漏れる。漏らさないようにしているのですが、ポロッと漏れるんですね。そういう始末に負えないものが煩悩ですから、漏れないように注意をしなくてはいけないよというので、煩悩の別名を「漏」ともいいます。そういう意味で、法を鏡にして、私たちの煩悩というものを深く見据えていきましょうということ、これが法を宝とするということです。

僧伽の侶

ところが、煩悩を見据えて、できるだけ煩悩が漏れないようにしていくには、自分一人ではなかなか達成することができません。私たちの人生はみんなとつながり合っているのですから、できるだけ仏道を歩む仲間を増やしていくことが、いちばん煩悩に対抗する道でございます。

そこで僧伽《サンガ》、仲間が寄り合ってお互いに注意深くしていきましょうということになって、僧と呼ばれるものになりました。サンガというインドの言葉を、中国の人がそのまま音を取って僧伽《そうぎゃ》という言葉にしたのです。その僧伽の友だちというのが伴侶の侶《りょ》、それが僧侶《そうりょ》という言葉ですから、もともとはサンガの仲間、あるいはサンガのメンバーという意味で、教団とか仏道を歩む仲間たち、そういう集まりを僧とか僧伽というんです。ですから、僧という字を「お坊さん」というふうに直ちに考えるのは間違いです。僧伽の侶というのが正式で、サンガのメンバーということでお坊さんに与えられたのが僧侶という名前なんですね。

私たちは、そういう仏道を歩む人たちを仲間にして、そして手本にして歩んでいかないと、ついついエゴが出てしまいます。「わかっちゃいるけどやめられないという」面が出てまいりますから、できるだけそういうふうにならないように注意深くするために、仲間を集めてお互いに煩悩を監視し合うことにしましょうというのが、僧という宝なんですね。

みなさま方も、世の中ではいろんな人と付き合うと思います。職場の人間関係もあれば、あるいは商売上の人間関係もありますが、最後の大切な人間関係は、仏道を歩む人同士の人間関係がいちばん大事なんですよということです。

そうじゃないでしょうか。職場の人間関係といっても、辞めてしまえばハイさようなら。辞めてしまえば「去る者は日々に疎《うと》し」。退社してから一年経ち、二年経つとだんだん職場の人たちとも音信が途絶えてきて、三年後、五年後には、会社に行ってみても浦島太郎で、どこのだれが来たかというような顔でみられるようになってしまう。そうすると、「もう二度と行くものか」ということになって、長年勤めた会社もその友だちも、ハイさようならということになりますね。そうすると、最後は仏法の友だち、仏教の教えをお互いに学びあった友だちがもっとも大事になってきます。最後の最後、死の問題に対する覚悟、自分はどう死を受け止めていくか、受け入れていくかということについてお互いに話し合える友だちは、商売上の人間関係でもなければ、会社の人間関係でもない。やはりお互いに仏道を求め合った者同士の間でしか、この人生最後の大問題を話し合うことができないでしょう、ということですね。

普段から自分が死ぬことについて大らかに話ができる人は、最後のところでもお話ができます。普段、死の問題について話したことがない人は、最後のところで話ができません。ですからみなさま方も、冗談交じりでもいいですから、「俺が死んだら…」という話を元気なうちにしておいてください。そうすると、家族もみなさま方に切り出しやすい。「お祖父《じい》ちゃん、お祖母《ばあ》ちゃん、あなたが病院に入院することがなかった元気なときに、『俺が死んだら』とおっしゃっていたけど、いま病気になってもあのときの気持ちは変わりませんか」というふうに切り出せばいい。そうしたらみなさま方、「ちょっと待ってくれ、あのときといまとは一八〇度考えが変わったから、ちょっと別の話にしてくれ」といえばいいわけですからね。

本当の病名の話をするとき、どういうふうに切り出したらいいかというのがいちばんむずかしい。普段から「死ぬ話なんかやめてくれ。縁起が悪い」なんていっていると、家族はみなさま方に、「実はもう助からないんですよ」という話はしにくいんです。私も学生たちに、「君たちが家族の病気について本当のことを切り出すときには、こういうふうに切り出すのがいいと聞いているから、もしそういう場面に遭遇したらいいなさい」といっているのですが、絶妙な言い方を私に伝授してくれた人がいるんです。それは、ご主人が末期の癌《がん》になっておられて、そのことをご主人に伝えるために、どういうふうに切り出したかというと、「お父さん、私はこれまであなたと連れ添ってきて、常に私がどうしたらいいか困ったときには、あなたに相談をしてきた。実は私、いまとっても困っていることがあるの」と、こういわれると「おお、そうか。お前が困っているんだったら相談にのってやるからいってみろ」といいたくなりますよね。「実は私がいま困っているのは、あなたに本当の病名を告げるべきか、告げるべきでないかということに困っているの」「そうか、俺のことでおまえは困っていたのか。いや、俺のことでおまえは困らなくてもいい。本当のことをいってくれてもいいよ」と、こういうふうに切り出すというんですね。

それにはやはり、困ったときには常にあなたに相談をしてきたという積み重ねの信頼関係がないと、なかなか切り出せません。やはり普段から、困ったときにはお互いに相談し合うという関係は最低限つくっておいてもらいませんと、本当のことは相談できない。いきなり「あなたの病気はこうなのよ」なんていう言い方をしたら、卒倒してしまいますから、それはいえません。「私が困っているんだ」と、こういうふうにいわれると、自分のことなんだけど、何か他人事《ひとごと》のように思われて、ちょっとクッションが置けるんですね。なになに、おまえが困っている？　おまえが俺のことで困っている？　俺のどういうことで困っている？　俺の病名を正しくいうべきかいうべきでないかで困っている？　「それはもう正しくいってもらうしかおまえの胸のつかえが取れないだろうな」ということになって、そこから先の話ができたと、こういうことを聞きました。

これが一〇〇パーセント有効かどうかはわかりませんけれども、これもひとつの切り出し方かなと思います。なかなか切り出し方はむずかしいですから、普段からそういう話ができる人間関係、仲間というものが、まさかの時に大切なのではないかと思いますね。そういう意味でも、僧という宝、これをいちばん私たちの身近な宝物として大事にしていきましょうということでございます。

三宝に帰依する

この三つの宝を、聖徳太子《しょうとくたいし》は十七条憲法の第二条に、「篤《あつ》く三宝《ぼう》を敬《うやま》え。三宝《さんぼう》とは仏《ぶっ》・法《ぽう》・僧《そう》なり」とおっしゃっていて、この仏《ぶっ》・法《ぽう》・僧《そう》の三つの宝は、「則《すなわ》ち四生《ししょう》の終帰《しゅうき》、万国《ばんこく》の極宗《ごくしゅう》なり」と結論づけていらっしゃるんですね。「万国の極宗」というのは、世界中のあらゆる国にいろいろな宗教があるけれども、この宗教にまさるものはありません、極上の宗教ですよという意味で、「万国の極宗」といっているわけです。それから「四生の終帰」ですが、「四生」というのは四つの生まれ方ということです。これは仏教で、「命あるものは四通りの生まれ方をする」ということなんですね。いろいろな生まれ方があります。卵《たまご》で生まれるものもあれば、母親の胎内《たいない》からオギャーと生まれるものもある、あらゆる生き物は四通りのいずれかの生まれ方をするといっています。そしてあらゆる生き物の「終りの帰」、「帰」は帰《かえ》るところです。すべての生き物が最後に帰っていく世界が三宝の世界、仏・法・僧だと、こう書いてあります。ですから、すべてこの世に生まれたものは、最後には「仏」をよりどころとし、「法」をよりどころとし、「僧」をよりどころとしていくところに、とどのつまり、みんな帰っていくんだよとおっしゃっているわけです。そして次に、「何《いず》れの世《よ》、何《いず》れの人《ひと》か、是《こ》の法《ほう》を貴《たっと》ばざる」とあります。だれかこの仏・法・僧を大切にしなくていい人がこの世にいらっしゃるでしょうか。いつの時代のどこの国の人であっても、この仏・法・僧を尊《たっと》ぶということが大事なんですよ、と書いてある。そして最後に、「其《そ》れ三宝《ぼう》に帰《き》せずむば、何《なに》を以《もっ》てか枉《まが》れるを直《ただ》さむ」と結んでいます。この仏法というものをよりどころにしなかったら、どうやってひん曲がった私の心を真っ直ぐにすることができるでしょうか。つまり、人間の中にある煩悩《ぼんのう》に気づいて、煩悩の心を諫《いさ》めていく道が他にあるでしょうか。まさしく煩悩を諫めていく鏡となるもの、基準となるものが、この仏・法・僧に他ならないのですよと、こう格調高くおっしゃっているのが十七条憲法第二条の「篤く三宝を敬え」ということですね。

このようにして、私たちは三つのものを人生の宝として大切にすべきであるというのが仏教でございますから、みなさま方が仏教徒になるかならないかというときには、この三つのものに帰《き》依《え》するかしないかということを基準とするのでございます。

みなさま方がこの三宝に帰依して仏教徒になられますと、仏教徒となられたお名前を頂戴します。これが戒名《かいみょう》でございます。これによってみなさま方は戒を受けたことになります。戒を受けて仏教徒になられたら、名前を改めて新しい名前をいただく、これが戒名でございます。ですからみなさま方が戒名をいただく前に必ず三宝に帰依するという儀式をお坊さんがおやりになります。これが、「南無帰依仏《なむきえぶつ》　南無帰依法《ほう》　南無帰依僧《そう》」という三帰依《さんきえ》です。

だから、みなさま方を仏教徒にしてお見送りをしようと思うから、お坊さんがお葬式に来るんですよ。仏教徒にしなくてもいいんだったら、お坊さんを呼ぶ必要はないんです。直接にご遺体を火葬場にもっていってなさればよろしいのであって、お坊さんを呼ぶ必要はない。お坊さんをわざわざお呼びになるのは、お坊さんに仏教徒としての儀式をしていただく。亡くなられた方がちゃんと仏教徒になられましたから、この方は間違いなく仏さまに救われていくようにと、お坊さんを呼ぶんです。

べつに仏教徒にならなくてもいい、草葉の陰で眠っていてくれればいいというのだったら、お坊さんを呼ぶ必要もないし、戒名ももらう必要もない。この人が人としてこの世に生まれてきたということは、最後の最後に、仏に帰依し、法に帰依し、僧に帰依するということがなければ、この人の人生は全《まっと》うしたとはいえないだろうと思うから、泥縄のようにも見えるけれども、いまわの際《きわ》の、息が落ちてまだ温かいうちにお坊さんを呼んできて、「南無帰依仏　南無帰依法　南無帰依僧」をしていただき、戒名をいただいて、この人も仏教徒になったから、仏教のお救いにあずからせてもらえますよね、成仏させてくださいよと、こういうことなのです。

お葬式への助言

このごろその理屈がわからないから、やれ戒名が高いだの安いだのということをいいます。けれども、それは仏・法・僧がいかに自分たちの人生において大事であるかということがわからん人が、お金のことを問題にするのでございます。仏教徒になることの大切さがわからない人が、お金を惜しんで残した財産で何をするかといったら、遺産争いの兄弟喧嘩をするんですね。私の近くでも、親が亡くなったといって遺産相続の争いをしまして、結局、勝ってもらったという財産も、全部裁判費用で消えちゃったという人がいます。そんなもんですよ。どうかそういう愚かしいことにならないようにしていただきたいものです。

お葬式をするというのはそういうことで、お坊さんを呼んできて仏教徒にしていただくからお坊さんが要《い》る。だから、元気なときにすでに仏教徒になって、どこかのお寺さんで「南無帰依仏　南無帰依法　南無帰依僧」の三宝に帰依するという儀式をきちんと受けて、そして戒名をいただいていれば、べつにお葬式のときにお坊さんを呼んで来て受戒式をしなくてもいいという理屈になるんです。「もうすでに戒名はいただいているから結構です」ということでよろしいのです。けれどもたいていの人は、まだ大丈夫、当分大丈夫と思っているうちにお迎えが来て、それであわててお坊さんを呼んで「仏教徒にしてください」といってやるから、お葬式のときに間に合わせの戒名をいただくことになるんですね。

普段から早々と戒名をもらって、「私の葬式はどこそこのお寺でやってくれ」ということがちゃんと書いてありますと、残された家族は何も迷わないですむのですけれども、そういうものが書いていないために、さてどこの葬儀屋に頼もうか、どこのお寺さんに頼もうかと泥縄でやりますから、やった後で、「いや、あそこじゃなくて別のお寺だったらもっと安くできたのになんて思うと、悔しくてたまらない」という話になるんですね。

そうではなくて、遺言状に書いてあれば、亡くなった故人があそこでやってくれというのだから、高かろうが安かろうが、とにかく故人の意志を尊重してやったのだから、お金がかかってもしようがない。それもちゃんとこの預金通帳のこのお金を使ってやってくれということだったから、自分で出して自分でやった葬式でもあるし、遺族がつべこべいうことはないと、こういうことで終わるんですね。そういうことが書いてありませんと、「しまった、もっと安いお寺さんがあったのに」なんていう話になって家族が迷うんですね。

そういう意味で、きょう来てくださった方々にはぜひ、いつどこで自分が亡くなることがあっても、あとはだれそれに、どこそこのお寺のだれそれ住職に自分の葬式をやってもらってくれということをちゃんと遺言で残しておいていただければ、後の人もそれにしたがってやると思いますので、残された家族が迷わずにすみます。

やはり何が大事って、行き先も大事ですけれども、残された人が迷ったり、あるいは遺族が骨肉の争いを醜く繰り広げるなんていうのは愚の骨頂ですから、せめてそういうことだけはないようにに始末をつけておいていただけるといいでしょうね。

ついでに申し上げておきますが、浄土真宗では戒を授けないので、戒名といわず「法名《ほうみょう》」といっています。戒を護れないので、仏教徒と呼ばれる資格がないと謙遜なさった親鸞聖人の「凡夫」の心を体しているわけです。

元気なうちから三宝に帰依しておいていただけると、お葬式が順調に運ぶかなと思いますので、よろしくお願いいたします。

第六章　五つの戒め

古いお経の言葉

きょうは「五つの戒《いまし》め」ということについてご紹介いたします。一般には「五戒《かい》」と呼んでいますが、仏教の日常的な規範、生活のルールを規定したものとして一般に「三帰五戒《き》」というものがあります。「三帰」というのは、三帰依文《きえもん》ですね。「みずから仏に帰依し奉る」「みずから法に帰依し奉る」「みずから僧に帰依し奉る」という、この三つのものに対する帰依でございます。

きょうは五つの戒め、三帰五戒の「五戒」のほうをみなさま方にご紹介しようと思うわけです。

『ダンマパダ』(『法句経《ほっくきょう》』)というお経と、それから『スッタニパータ』と申しまして、お経を集めたものという意味で『経集《きょうしゅう》』とも訳されますが、この『スッタニパータ』と呼ばれるもの、この二つは、非常に古いお経でありまして、お釈迦《しゃか》さまの生《なま》の言葉が比較的伝えられているのではないか、あまり脚色されていないのではないかといわれています。その中に、この「五つの戒め」というものが出てまいります。まず、『ダンマパダ』の二四六偈《げ》。詩の形式で書いてありますので偈といいますが、二四六番目の詩にこういうふうに書かれております。

「生きものを殺し、虚言《いつわり》を語り、世間において与えられていないものを取り、他人の妻を犯し、穀酒《こくしゅ》・果実酒に耽《ふけ》り溺《おぼ》れる人は、この世において自分の根本を掘りくずす人である」(中村元訳『真理のことば 感興のことば』岩波文庫より引用)

ここの、「生きものを殺し」というのが一つですね、それから「虚言を語り」というのが二つ目、「世間において与えられていないものを取り」「他人の妻を犯し」それから「穀酒・果実酒に耽り溺れる者」この五つを、自分の根本を掘りくずしてしまう重大な、してはならないことというのです。これが、いわゆる善《よ》くない事柄でございまして、これをやめるといいますか、離れるというのが五戒なのです。

もうひとつの『スッタニパータ』にはもっと詳しく書いてございます。『スッタニパータ』では、出家者がしなくてはならないことと、在家の人が行なうべきことを、ダンミカという人がお釈迦さまに尋ねたときに、お釈迦さまがお答えになった内容です。前半は出家修行者たちが守るべきことが書いてあるのですが、その後に、三九三番からですが、

「次に在家《ざいけ》の者《もの》の行なうつとめを汝らに語ろう。このように実行する人は善い〈教えを聞く人〉(仏弟子)である。純然たる出家《しゅつけ》修行者に対する規定は、所有のわずらいある人(在家者)がこれを達成するのは実に容易なことではない(中村元訳『ブッダのことば』岩波文庫より引用、割注は著者。以下、同じ)

と書いてあります。出家者が守るべき約束事は、所有のわずらいをもっている在家者には達成することがむずかしいので、在家の人たち、いわゆる所有のわずらいをもっている人たちが行なうべきつとめを語りましょうということで、三九四番目の詩には、こう書いてあります。

「生きものを(みずから)殺してはならぬ。また(他人をして)殺さしめてはならぬ。また

他の人びとが殺害するのを容認してはならぬ。世の中の強剛《きょうごう》な者どもでも、また怯《おび》えている者どもでも、すべての生きものに対する暴力を抑《おさ》えて――」

と書いてあります。どんな強い人も、あるいはビクビク怯えている者でも、すべての生きものに対して暴力を抑えよと、こういうことであります。これが、いわゆる生きものを殺してはならないという戒めですね。それからその次の三九五番は、

「次に教えを聞く人は、与えられていないものは、何であっても、またどこにあっても、知ってこれを取ることを避けよ」

これは、与えられたものではないということを自分でよく心得て、取ることを避けなさい、与えられていないものを取ってはならないということですね。

「また、（他人をして）取らせることなく、（他人が）取り去るのを認めるな。何《なん》でも与えられていないものを取ってはならぬ」

これが二番目の戒律です。それから三番目の戒律は三九六番で、

「ものごとの解《わか》った人は婬行《いんこう》を回避せよ（男女の交わりですね）。――燃えさかる炭火の坑《あな》を回避するように。もし不婬（間違った男女関係をしないというのが不婬です）を修することができなければ、少なくとも他人の妻を犯してはならぬ」

ということでございます。それから四番目は、三九七番の偈でございますが、

「会堂（みんなが集まる集会場のことです）にいても、団体の内にいても（集団ですね）何ぴとも他人に向かって偽《いつわ》りを言

ってはならぬ。また他人をして偽りを言わせてもならぬ。また他人が偽りを語るのを容認してはならぬ。すべて虚偽《きょぎ》を語ることを避けよ」

と書かれております。それから三九八番、

「また飲酒を行なってはならぬ。この（不飲酒の）教えを喜ぶ在家者は、他人をして飲ませてもならぬ。他人が酒を飲むのを容認してもならない。——これは終《つい》に人を狂酔《きょうすい》せしめるものであると知って（酒は人を狂わせ、酔わせるものであるということを知って）——。けだし諸々の愚者は酔《よい》のために悪事を行ない、また他の人々をして怠惰《たいだ》ならしめ、（悪事を）なさせる。この禍いの起こるもとを回避せよ。それは愚人《ぐじん》の愛好するところであるが、しかし人を狂酔せしめ迷わせるものである」

「生きものを害してはならない」「与えられないものを取ってはならない」「婬事たる不浄の行ないをやめよ」「嘘をついてはならぬ」「酒を飲んではならぬ」と、こういうふうに書いてあります。

このように比較的詳しく書いてあるわけですが、生きものをみずから殺してはならない、他人に殺させてもいけない、他の人が殺すのを容認してもいけないというのが、いわゆる不殺生戒《ふせっしょうかい》ということですね。生きものを殺すことを回避するのであります。与えられていないものは取ってはいけないというのが、不偸盗戒《ふちゅうとうかい》です。偸盗、盗むという字が書いてありますが、盗みをしない、盗まないということで、原文は、与えられていないものを勝手に取ってはいけないということです。三番目は、不正な男女の関係、最近の言葉でいえば、不倫に当たるかと思いますが、そういうことは、やってはいけない。しかし、他人がやってもいけないし、人がやるのを容認してもいけないとは書いていないですね。私たちに向かって、「ものごとの解った人は婬行を回避せよ」、それは燃え盛る炭火の坑に自分を突っ込むようなもので、大やけどをしてしまうから、回避しなさい、もしまったく男女関係を絶つことができない人は、少なくとも他人の妻を犯してはいけないとしか書いてないですね。他人がやるのを容認してはいけないとは書いてありませんから、この不邪婬戒というのは、自分自身が守りなさいということですね。次のは不妄語戒《ふもうごかい》といいますが、嘘をついてはいけないということです。これは、自分もいってはいけないし、他の人にいわせてもいけない、他の人がいうのを容認してもいけないというように、どういう場面においても許されないと書いてあります。それから五番目の、お酒を飲まないという不飲酒戒《ふおんじゅかい》も、他人に飲ませてもいけないし、他人が飲むのを容認してもいけないと書いてありますから、五つのうちの不邪婬戒を除けば、あとは自分もいけないし、他の人もすることを容認してはいけないと書いてあるわけです。

そういう意味で、自分がやらなければいいという個人的倫理だけではなくて、社会的な倫理としても容認できないということになっております。そういう点を私たちはいまどう考えるか――。

仏教の原点

仏教における倫理的な日常のルールを戒律といいますけれども、いま申し上げたような五つの戒律を守るというのは、インドに仏教が起こった時には、これを忠実に守ろうと考えていたわけです。ところが、インドから北のほうに仏教が広まり、そして大乗仏教になってきますと、戒律が変わってまいりまして、この五つの戒律というのがだんだん守られなくなってきます。大乗仏教の戒律は、こういう日常的な戒律よりも、もっと精神的な、理想的な戒律になりまして、こういう具体的な日常的戒律でなくなってしまったんですね。そのために、日本の仏教ではなかなかこの五つの戒律というものが守られていない現状がございますけれども、もう一度、この仏教の原点にかえって私たちも考えてみたらどうかと思うのです。

そこで、まずいちばん最初に挙げられているのが、「生きものを殺してはならない」ということであります。「またこれを殺さしめてもならないし、他のものが殺すのを容認してもならない」ということでございますから、たいへん厳しいものであります。これを完全に実施していこうということになるとどうなるでしょうか。インドではジャイナ教という、もうひとつ仏教と同じ頃に成立した宗教がありますが、このジャイナ教のようにせざるをえません。ジャイナ教というのはインドにまだ残っていて、仏教よりもまだ信者の数が多いのですが、このジャイナ教にも、「生きものを殺してはならない」という戒律がありまして、ジャイナ教徒たちは、商売はするけれども生産者にはならない。たとえば農業をやれば、当然害虫は殺さなければいけませんし、田を耕せば虫を殺してしまいますから、そういうことはできないというわけです。生きものは動物だけではありません、植物も生きものですが、そういうわけで、殺すことの現場にはタッチしないというので、商売人は生産者がつくったものを運ぶだけ、売り買いするだけでございますので、罪は少ないと考えたようであります。そして現在でもジャイナ教徒は、傷ついた鳥や動物を引き取って介抱したり、餌をやったりということをするわけです。そういうふうに、命を大切にしようということを非常に厳格に考えています。しかし、それは社会の中でいえば、一部の人しかできないことで、すべての人がこの戒律を厳密に守ることはできません。そういうことから、ジャイナ教という宗教は、インドから外の国には広まらなかった、つまり、あらゆる人たちに当てはめられる教えではなかったということです。

それとは違って、仏教はできるだけ多くの方たちに教えを守っていただこうとしました。そうすると当然、お百姓さんはどうするんだ、畜産農家の人はどうするんだという問題が出てきますが、そのとき仏教では、厳密に守れなければ仏教徒ではないとは考えなかった。出家をしたお坊さんには厳密に適用されるので、出家したお坊さんが人を殺したり、あるいは殺すのを容認したりすることは許されませんが、一般の在家の方たちには、決して容認できることではないけれども、できるだけ守るように努力しましょうということになったわけです。この努力目標というのが、戒律の「戒」という字であります。戒というのは、「戒める」という意味で、「ダメだよ」ということではありますが、処罰まではしない、みずからを戒めればよいのです。自分で自分を戒めてしないようにしよう、あるいはだれかがしていたら、「ダメだよ」とはいうけれども、引っ張っていって留置場に入れるといったようなことはしない。

それから、戒律の「律」というのは、出家のお坊さんに適用されるものでありまして、これは厳格な処罰を含んでいます。出家のお坊さんは、この不殺生ということを、戒めの戒としてではなくて、律として守らなければなりません。生きものを殺さないという掟《おきて》を出家のお坊さんが守らなかった場合には、「波羅夷《はらい》」といういちばん重い罰則が適用されて、教団追放、つまり出家のお坊さんの資格を失うという厳しい規定になっています。このように律というのは罰則を伴うものでありまして、世間では、仏教のこの用語を用いて「法律」とはいいますけれども、「法戒」とはいわないわけです。法律というのは、あくまで罰則を含んでいるから「律」なんですね。

それに対して、在家のみなさま方には、罰しはしないけれども、努力目標にしていただきたいというのが「戒」でございます。できるだけ生きものは殺さないようにみずからを戒めましょう、他の人にもそれを勧めましょうということですね。たとえば台所にゴキブリが出てきたら、親の敵とばかりに追いかけて、一回踏んづけただけでは足りなくて、コンチクショウ、コンチクショウと三回も四回も踏んづける人がいますけれども、そこまでやらなくてもいいんじゃないかと、ふと自分を戒めていただく。それが不殺生戒ではないかなと思いますね。私は学生にも、「ゴキブリにもゴキブリの人生があるんだから、ゴキブリの人生も考えてやらなきゃいけないよ」というのですが、「先生、ゴキブリは人生といいません。人生というのは人の一生のことをいうんです」と。じゃあゴキブリは何ていうんでしょうかね、ゴキ生というんですかね（会場笑）、わかりませんけれども、ゴキブリにもゴキブリの立場があって台所なんかに出てくるんでしょうから、それを親の敵のように思って追いかけまわすのはどうかなということですね。それから、このごろですとちょっと爽やかな風が吹いてきますから、みなさま方のお家にも、たまたま窓を開けていますと蜂が入ってきたりしますね。そうすると、もう大慌てで箒《ほうき》をもってきて追いかけまわして、捕まえたらもうコンチクショウとばかりに踏み潰したりしますが、たまたま入ってきただけですから、逃がしてやったらどうかなと。ま、それぞれ生きものには生きものの生きている生活があるのでございましょうから、それを考えて、私たち人間にとって邪魔だというだけで、その命をむやみに殺すことは差し控えたらいいのではないかということですね。

戒という言葉は、いま申しましたように、生きものを殺さない、殺すのを容認してはならないということですが、原文をそのまま忠実にいいますと、「生きものを殺すことから離れること、そういう戒めを私は守ります」と誓うことになっています。生きものを殺すことからできるだけ遠ざかる、そういう事態から自分の身を離していく、そういう努力目標を私はこれから守ります、という言葉に最後はなっております。

次に、「与えられないものを取ることから遠ざかるという戒めを、私は守るようにいたします」と自分が誓う。これは人のものはオレのものだと勝手に決め込んで取るというようなことは、あってはならないということです。インドは面白い国でして、昔の文学作品を読んでいると泥棒がよく登場するんですね。泥棒がお腹をすかせている、そして道端にいろいろな神さまの祠《ほこら》があるわけですが、日本でいうならば道祖神《どうそじん》のようなものがたくさんあって、そこにいろいろな方がお供えものをしている。お腹をすかせた泥棒は、それが欲しいのだけれども、人のものは取ってはならないという戒めが一応ありますから、そこで、「これはだれのものですか。所有者は名乗りあげてください」という。返事がない。再び「これはだれのものですか。所有者は名乗りあげてください」といいうけれども返事がない。そしてもう一度、「これはだれのものですか。所有者は名乗りあげてください」と、三回いっても返事がなかったら取ってもいいという（会場笑）ルールがあるようなんですね。たとえばなにかを語るときにも、三回いえば本当だ、間違いがないということになっていて、「三帰依文」も三回唱えるのが正しいやり方なんです。「みずから仏に帰依したてまつる。みずから法に帰依したてまつる。みずから僧に帰依したてまつる」と三回いう。間違いがない、自分の気持ちに偽りはない、その偽りのなさを証明しようというとき、三回いうのがインドでは昔からの習わしになっているようです。

そんなことで、だれの所有かわからないときに、「これはだれのものですか」といって返事がなければ、オレのものだというような、面白いお話も出てきますが、いずれにしても、人から与えられたものでないものを取るということは、よろしいことではない。先ほどありましたように、在家者というのは、所有の煩わしさの中にいて生計を立てていかなければなりませんから、やはり、これはだれのものであるかということをきちんとしておかないといけない。自分のものは自分のもの、人のものまで自分のものになってしまいますと、これは世の中乱れてしまいます。自分に与えられたものでないものは、取ってはならない、あるいは、そういう取ることからできるだけ遠ざかるということを自分の誓いにするわけであります。

それから第三の戒律は、先ほど申しましたように、不正な男女関係をしてはならないということでございます。これは原文で申しますとカーマ（愛欲）、「愛欲において良からぬ行ないをする」「不正なる行為をする」と書いてある。愛欲に振りまわされて良くない行ないをする、悪しき行ないをすることから遠ざかるということですね。だれでも人間は愛欲の煩悩はもっておりますけれども、その煩悩にしたがって良くない行ないをしないということですから、先ほど申しましたように、他人の妻を犯してはならない、いちばんの問題はそこでございましょうね。他人の妻を犯す、現在の言葉でいえば不倫でありますが、不倫をしますと、いろいろ複雑な家庭問題が起こりますから、そういうことはできるだけ避けましょうというのが、不邪婬戒と呼ばれる戒律です。

それから四番目は妄語、嘘ですね。偽りの言葉、ムサーヴァーダといいますが、偽りの言葉から遠ざかる。偽りの言葉、つまり事実と反する、事実無根の言葉を話す、そういうことからみずからを遠ざけるということです。嘘というのは一度つきますと、その嘘を隠すために二つ目の嘘をつかなければなりません。そうすると嘘が二つになります。この二つの嘘を隠すために三つ目の嘘をつく、三つの嘘をバレないようにするために四つ目の嘘をつく、そうやって嘘がどんどん増えていきますと、昔からいわれているように嘘八百ということになりまして、際限なく嘘をつかなければならなくなりますから、大嘘つき、大ほら吹きということになってしまいます。そうすると、これは信用がおけないということになりますから、いちばん問題になるわけですね。そういう点で、嘘をつくことから遠ざかるように戒めるわけです。

五番目はお酒を飲むなということですが、酒がなぜいけないかといいますと、もろもろの愚か者は、酔っ払ったために悪いことをしてしまう、酔っ払ったために怠惰になる、そこから災いが必然的に起こってしまうので、お酒を飲むのはやめなさいということになっているわけです。小理屈をいいますと、じゃあ酔わない人は飲んでもいいだろうということになりますけれども、仏教の教えというのは、私たちの精神といいますか、心をできるだけ感受性の強い、鋭敏なものにしていこうという発想でございますから、そういうものが鈍ってくるというのは極力避けなければいけない。私たちの精神が研ぎ澄まされてくる方向に向上していこうということでございますから、逆に私たちの精神が鈍ってくるとか、汚れてくるとか、そういうことをできるだけ避けるというのが基本であるわけです。そうしないと、物事を正しく見ることができない、正しく観察することができるということです。できるだけありのままに正確に、詳しく、正しく捉えることができないと判断を誤ってしまう。いかにしたら物事を正しく見ることができるかというのが、仏教のいちばん大きな考え方の基本なんですね。

飲酒をしない場合でも、私たちは常識という名の嘘に振りまわされていますし、偏見というたいへん厄介なものによって、いろいろなものを歪めて見てしまいます。また自分の置かれた立場を中心にして物事を考えてしまう。自分中心になると、相手の立場が見えなくなる。特に、最近のわれわれは自己主張が強くて、自分の立場からのみ物事を見て、相手の立場を十分に理解していないことが多いですね。お互いの立場と立場が衝突する。昔は社員のみなさんは、社長さんの気持ちをよく考えて、社長さんがそうおっしゃるなら従いましょうというところがありました。しかし、このごろはどっちが社長かわからないぐらいに社員が自己主張をして、「あの社長はけしからん」とか、そういうことになりがちでございます。

そういう点で、お互いが自分の立場を主張するだけで、互いに相手の立場を正しく理解するということになっていない。これがいまの世の中を非常にややこしくしていると思います。自分の立場を主張するよりも、私自身がどれだけ相手の立場を正しく理解できているか、観察できているかという、そちらのほうをもっとお互いが考えていくようにしないと、世の中混乱するばかりではないかなというふうに思います。若い人は年寄りの立場がわからない、年寄りは若い者の立場がわからない、男の人は女性のことがわからない。女性は男性のことがわからないということになりますと、これはもう対立しかございません。そういうことにならないようにするには、できるだけ自分自身のものの見方が高度でなくてはいけない、研《と》ぎ澄まされたものでなくてはいけないということから、この五つの戒めをできるだけ守ることがまず基本だということなんですね。

以上の五つはあくまでも戒めでございますから、先ほどいいましたように、だれかによって罰せられるわけではありません。この五つを全部守ろうと思ったら、出家してお坊さんにでもならないかぎり無理かもしれないし、在家の生活をしている中では実行できないこともあるでしょう。お酒を飲まなければ人づき合いが悪いといわれるし、人づき合いが悪くては仕事もはかどらない、商売もうまくいかない、ということになれば、飲まざるをえないかもしれませんし、いろいろなお立場がございましょう。そういう意味で、これを全部守るというのはむずかしいことかもしれないけれども、守りやすいものから一つでも二つでも守っていこう、みずからを戒めよう、三回やっていた人は一回にするとか、そういうふうに少しでも回数を減らすようにする。

「遠ざかる」「離れる」と書いてありますように、このことが大事ではないかと思うんですね。命を奪うことから遠ざかる、離れる。与えられていないものを奪う、取ることから自分を遠ざける、離れるというように、自分を戒めていく。そういうことを通して、自分の生活の基盤を感性豊かな、精神的にも高度な状態に置いておくことを勧めているわけです。こういうことを、悪いとも思わないで平気でやっていますと、私たちの精神性はどんどん鈍ってくるし、相手が見えなくなり、周りが見えなくなってくるということになるのではないでしょうか。

命を大切に

さて、「生きものを殺す」という戒《かい》について現代的に理解しますと、それは自分の命《いのち》を軽んじることにつながるということです。人間以外の動物や植物が生きられないような社会や環境をつくっていけば、人間もまた生きられなくなるということは確かです。いま環境問題を考えるとき、環境問題はカナリア問題だというんですね。地下深く炭鉱で石炭を掘っている人たちは、採掘の現場にカナリアを連れていくのだそうです。そしてそのカナリアがバタバタと羽音をたてて騒いだときには、ガスが充満して爆発が起こる危険がある、私たちの身の危険をカナリアが教えてくれるというのです。もしもカナリアが死ぬようなことがあったら、それは人間もまた死の危機に瀕しているということを間接的に教えている。動物が死ぬ、植物が枯れるということは、ただ単に動物や植物の問題ではなく、命はみんなつながっておりますから、人間に対しても危険がないわけではない。そう考えていけば、われわれが命あるものを粗末に扱ったら、それは間接的に自分自身の命も粗末に扱うことになりかねないということです。

かつてイラクで日本人人質事件がございました。最終的には解放されて、良かった良かったということになりましたが、当時、鶏インフルエンザ事件というのも同時に発生いたしました。最終的には安全宣言が出されて鶏肉や卵が出荷されるようになりましたが、その中で何万羽でしたか、鶏が大量に処分されました。鶏のインフルエンザが広がっては困るということで処分されたあのおびただしい数の鶏に対する無関心と、人質が解放されて良かったと喜ぶ気持ち……これはいったい何を意味しているのでしょうか。それをきちんと考えておかないと、自分たちの死もまた粗末に扱うことになりかねないと思うのです。インフルエンザが発生した鶏舎の元気な鶏までも大量に殺して、それ以上蔓延させないようにしようということですが、じゃあ人間の中に変な病気が起こったら、それも蔓延しないようにみな処分してしまいましょうと、今度はわれわれが殺されるハメになりかねないのではないでしょうか。やはりそういうことをした時には、私たちはその鶏の死骸を埋めたところに供養塔のひとつも建てて、処分をした日を毎年ご供養の日とするぐらいの死を悼む気持ち、動物や植物に対しても死を悼む気持ちをもたないと、人間の死を悼む気持ちもまた薄らいでいくのではないかと思うわけです。私はそういうことが、この不殺生戒、生きものを殺さないという戒めを大事にしていくことではないかと思います。殺さないで生きていけるほど世の中は単純ではございません。しかし、殺さざるをえない立場の人も、やはりその死を悼む、また間接的にその命をいただいていく者たちも、その死を悼んでいくということがまず基本になければ、命を大切にしていくということにならないと思うのです。

ですから、お食事の前や、お食事の後には、ちゃんと手を合わせて、「いただきます」をし、そして「ごちそうさまでございました」といって残さず食べる、食べ物を粗末に扱わないということで、昔の人は米粒一粒でも拾って食べなさいといったものですが、このごろは不潔だから捨てなさいといいますね。そういう考え方になりますと、命のなかにも清潔なのと不潔なのがあって、不潔なのは捨ててもいい。そして「おまえは不潔だ」という口実で命をだれかから捨てられることにもなりかねません。不潔だったら清潔にすればいいのではないかということをもう一回考え直さないと、自分のほうにそれは跳ね返ってくる問題だということをいま私たちは忘れているのではないでしょうか。そういう意味で、この「命を大切にする」という不殺生戒は、いまこそもう一度、われわれが見直してみなければいけないことですね。

他の動物や植物を粗末に扱って、人間だけが大切にされるという道理はありえないというのが仏教の立場だろうと思います。そういう意味で、命はすべてつながっている、人間も他の動物や植物の命とつながったひとつの命の大きなつながりの中にあると考えたなら、人間だけを大切にするという考え方は成立しない、本来ありえない考え方だというのが仏教の基本的な立場です。

そういう意味で、この不殺生戒はまさに命を大切にしようということであります。命を大切にすることの原点は、まずその死を悼むということです。その気持ちを大切にしていかなければ、命を尊ぶことにはならないのではないかと思いますので、もしこの中に、鶏インフルエンザの関係者の方がいらっしゃいましたら、ぜひ供養塔を建てて、年に一回のご供養ぐらいは関係者でやっていただきたい。厚生労働省のお役人も呼んで、「簡単に考えるんじゃないぞ」と戒めていただきたいと思う次第ですけれども、いかがでございましょうか。そんなわけで、命を大切にというのが、第一の不殺生戒であります。

ものを大切に

それから二番目の「与えられていないものを取ってはならない」、これは、わかりやすくいえば「ものを大切にする」ということではないでしょうか。ものを粗末にするのではなく、大切にする。そして、与えられていないものを取るなということは、それぞれの所有についてはっきりと、お互いけじめをもつ。ものは単なるものではなく、そのものを所有する人が背後にくっついているということだと思います。ものは、単純にここにあるのではなくて、必ずだれかのものだということです。ものの背後にちゃんと人が見えていなければいけない、人が与えてくれたものであれば、私のものになるし、人が与えてくれないものは、私のものではないということです。

そういう意味で、ものを大切にするというのは、ただ単にそのものが貴重だからということではなくて、それはだれかがつくったものだし、だれかが所有している、そういうつくったり所有している人の想いがくっついたものだからなんですね。そのくっついたものが私の手に入るということは、だれかが与えてくれたから私の手に入る。つまり、何かが私のものになるということは、それを与えてくれた人の想いを同時に受け取るということで、それがものを大切にするということなのです。ですから、ものにくっついている人の心を大事にしていくということでないと、本当の意味でものを大切にしたことにはなりません。与えてくれたものか、そうでないものかということがなぜ大事かというと、そういうことなんです。「だれのものかわからないからいいや、自分のものにしちゃえ」とか、「道路に落ちていたのだから拾った者の権利だ」ということではなくて、そのものは、だれの想いがこもったものなんだろうかということを、ものを見るときに思いましょうよ、ということです。

言い換えれば、与えられていないということは、相手がおまえにやりたくないといっているのかもしれない。やろうという気持ちがそのものにはくっついていないわけですから、勝手に取るなということです。もし、そういうものを平気で取るならば、そのものにくっついている相手の人の気持ちをわれわれが無視すること、あるいはその想いを逆撫《さかな》ですることになるかもしれませんから、そういうものの扱い方は、決して人間関係を良くしないですね。私がこっちの人にあげようと思っていたのを、勝手にあっちの人がもっていってしまったら、それは気持ちのいい想いはしませんよね。「じゃあ代わりのものをもってきましたから」といっても、そうはいかないでしょうということです。ですから、与えられないものは取らないようにというこの戒めは、逆にいえば、与えてくださった人の想いを一緒にしてそのものを大切に扱うということだと私は思うわけであります。

ところが、いまの世の中はどうかというと、ものは、ものであります。そのものに寄せられている人の想いというものをあまり考えないで、ものをただ単なるものとして、「お値段いくらぐらいのもの」というふうに今は考えているのではないでしょうか。たとえ百円のものであっても、そのものに寄せる人の想いを考えれば、お値段がつけられないぐらい大切なものかもしれないし、たとえ十万、百万のものであっても大した価値のないものもあるかもしれません。

そういう意味で、与えられないものは取らない、私にくださったものでないものは、たぶん別の人にあげようと思っておられるのでしょうから、私が横取りをしたら、それは与えようと思っている人の心を無視したことになり、その人の想いに逆らったことになるので、そういうことはしないようにしましょうと、こういう考え方なのです。

もし、相手の想いを無視すると、平気で人のものはオレのものになってしまうのではないでしょうか。「オレのものはオレのもの、人のものもオレのもの」になってくる。そして、何でもかんでもみんな自分のものにしてしまわないと気が済まないということになります。そうなりますと、もう欲の塊のようになっていきますから、それは決して世の中を清らかにはしていきません。できるだけ自分のものを少なくして、与えることの大切さを仏教は教えます。自分のものにしていく、自分の所有にしていくよりも、もてる者は、もたざる者に与えていく、与えられることの幸せを大事にしよう。だれかに施しをするだけの余力が自分には恵まれているということを大切にしましょう、あげられるだけ自分の生活は恵まれているのだということに感謝しながら、相手に差し上げる。だから、差し上げたのにお礼のひとつもないといって文句をいうんじゃないですよ。あげられることが私の幸せで、相手がお礼をいってくれようが、いってくれまいが、「ああ、私は人に何かを差し上げるだけの恵まれた生活をしているんだな」と自分自身が喜びつつ、人にものを差し上げることができたら、これほど幸せなことはないじゃないか、というのが仏教的な幸せですね。いまの世の中の人の幸せは、地球上のものを全部オレのものにしたらいちばん幸せだと思っていますからね、そういうことは不可能ですから、そういう幸せはたぶん途中で挫折せざるをえないということになります。

手に入れることで幸せになるという幸せというのは、どこかで手に入れられなくなってしまいますが、与えることができる幸せということを考えていけば、無財の七施（ものがなくても人に与えることのできる七つの施し）のように、ものがない人でも人に与えることができるものがありますよ、笑顔を与えることもできるし、優しい言葉を与えることもできますよ、優しい眼差しも人に与えることができますよ、ということですから、そういうふうに考えたら、人間は死ぬ瞬間まで人に何かを差し上げることは可能なんですね。死ぬ瞬間まで笑顔を見せて「サヨナラ」がいえれば、これは「最後まであの人は施しの人だったな」ということになります。決してものだけが人に与えるものではありません。そういうふうに考えると、人間は他の人にどんな小さなものも、事柄も、人に差し上げることのできる余裕といいますか、そういう恵まれたものを与えられているはずだというふうにもいえるのではないでしょうか。

そういう意味で、与えられないものは取らない、取ることばかり考えるよりは、人に少しでも与えることのできる人になっていこうではないかというのが、この不偸盗戒という戒めでございます。簡単にいえば、ものを大切にしましょう、ものは単なるものではなくて、そのものをもっていた人の想いがそのものにはくっついているのだということを忘れずに、ものを大切にしましょうということです。

人間関係を大切に

三番目の不邪婬戒ですが、これは不倫でございますから、先ほどいいましたように、それぞれ男女の関係の秩序を乱さないようにする。少なくとも他人の妻を犯すようなことはあってはならない。これは、考えてみれば、男性中心のルールになっていますから、「他人の妻」と書いてありますけれども、ここは男女平等のいまの社会では、片方だけいうのはいささか問題があると思いますから、「他人の夫を犯してはならない」ということもいわなければいけませんね（会場笑）。このごろは男性ばかりが女性を誘惑するのではなくて、女性のほうも男性を誘惑しているようで、若いツバメをわが家に招き入れて、それで家の中がメチャクチャになっているという話が時々テレビに出てまいりますが、それが結局、幼児虐待につながっているわけですね。こういうことは、やはり世の中の自然のあり方から逸脱しているために、どこかにそのしわ寄せがきてしまいます。男女の関係が乱れてきますと、そのしわ寄せは、結局子どもに行ってしまいます。

私は、中学、高校の校長をやっておりますけれども、お母さん方、お父さん方にお願いすることはただひとつでございます。ぜひ子どもの前で夫婦喧嘩をしないでくださいということです。お父さんやお母さんの鬼になった顔を見て、子どもが喜ぶわけがない。子どもは、その鬼のような親の形相を一生忘れないでしょう。だから、せめて隣の部屋に行ってやってくれ、唐紙一枚、障子一枚の慎みが大事だといっているんです。

いまの世の中、自由になりまして、何でもかんでも開けっぴろげで、いいたいことは何でもいう。やりたいこともみんな開けっぴろげにやる。このごろは男の子と女の子が電車の中で抱き合って、ずうっとやっておりますけれども、そういうのはどこか人の見ないところでやってくれ、見ていて愉快な人は一人もいないと思いたくなりますけれども、傍若無人といいますか、人のことなんかかまわずに電車の中でずうっと抱き合っていて、あれも慎みがないですね。一事が万事で、夫婦も慎みがなくなりますと、子どもの前で平気でカッとなって喧嘩してしまう。そうすると、子どもは見たくもない親の鬼の顔を見てしまうんですね。それはやっぱり子どもにとっていちばんの不幸です。そういう意味で、声は仕方がないけれども、せめて顔だけは見せないように、唐紙一枚、障子一枚の慎みが大事だよと私はいっているんですね。世の中、自戒とか慎みということが大事なのですが、いまはそれが失われているような気がします。

そういうことで、この不邪婬戒、不倫ということは、夫婦にとっては愛のゆらぎとして仕方のない話かもしれないけれども、親子の関係にとっては重大な問題を提起している。不邪婬戒という戒めも、夫婦の間において非常に大事なことなのではないかなと思います。

言葉づかいを大切に

次に、四番目の不妄語戒、これは嘘をつかないことです。仏教は、真実を求め、ありのままを明らかにする宗教でありますから、その正反対にあるものが、嘘偽りの世界であります。「虚《こ》妄《もう》」といいますが、「虚」はうつろですね、実がないということです。中身がない、実質がない、うわべだけのものを虚といいます。それから「妄」というのは、ありもしないものをあるかのように、あるいはあるといいながら、実際はなかったりというように、あべこべになっているものを妄といいます。ですから、妄想というのは、実際にありえないものがあるかのように想えてしまうことで、ここにいないのに、その人がここにいるというのは妄想ですし、実際に聞こえてもいないのにだれかが何かをいっているというのも妄想でございます。だれかが隠しカメラでいま自分の姿を撮って全国に流しているなんていうのも、普通はありえないことですが、そういうふうに想ってしまうのが妄です。

これは真実に反することでありまして、仏教では、自分にとって都合がいいことも悪いこともすべて事実として、ここにあるものはあるものとしてしっかりと見つめていきましょう、あるものはある、ないものはないということを明らかにしていくことから始めなければ、幸せはやってこないと説きます。そういう意味で、妄語、嘘偽りの言葉というのは、人びとの生活を乱していく大本です。事実無根、大言壮語というのは、われわれが振りまわしてしまう大きな問題です。

言葉づかいの中でいちばんの問題は嘘でございますけれども、その他、お世辞も良くないと書いてあります。歯の浮くようなお世辞をいう人がいますね。美しくもないのに「美しいですね」とか、似合ってもいないのに「お似合いですね」とか、そういうお世辞も良くない。それから人の陰口です。人と人とを仲違いさせるような陰口も良くない。それから人をののしる言葉も良くない。人のプライドを傷つけるようなことをいう、これも良くないですね。ののしる言葉は悪口です。「嘘」と「お世辞」と「陰口」と「悪口」、この四つを私たちは戒めるように。

中でもいちばん頻度が多いのは何かといえば、陰口でしょうね。表向きは何もいわなくても、陰口はみんな平気でいいますからね。みなさま方も、私に面と向かって私のプライドを傷つけるような悪口はあまりおっしゃる方は少ないかもしれないけれども、陰口はいろいろおっしゃっているんでしょうね。察するにあまりありますね（会場笑）。みんな大なり小なり陰口はいわれていると思いますから。帰りにみなさま方がきょうの話はああだったこうだったというのだったら、面と向かっていってくれ、なんて思うんですけども……（会場笑）陰口は本人には届きませんけども、きょう来てくださった方々の間で、いろいろあることないこと噂話が伝わっていくというのは、一種陰口でございまして、そういうことも人間関係を悪くしていきますね。

まさに口はわざわいのもとでありまして、口からいろいろなわざわいのもとが出てしまいます。言った人は、言ったことをすぐに忘れてしまいますけれども、言われた人は忘れないですからね。言った人は言った端から忘れていくということで、「水に書いた文字のようだ」とあります。水に文字を書いても字はすぐに消えてしまいますね。しかし、「言われた人は石に書いた文字のように一生忘れない」と書いてあります。その通りでございます。水に書いた文字と石に刻んだ文字ほどの違いが、言ったほうと言われたほうの間にございますので、やはり言葉は注意しなければいけない。嘘をついてはいけないのはもちろんですが、お世辞もいけない、悪口もいけない、陰口も慎みましょう、これは大事なことであります。

「お酒を飲むな」というのは、これはお酒によって怠惰になったり悪いことを平気でするようにもなる、というように、良心が鈍ってきますから、守秘義務のある人は特にお酒の席は気をつけませんと、お酒を飲んだとたんに口が軽くなって、何でもかんでもベラベラといってしまったらえらいことになってしまいます。そういう意味で、お酒も慎みましょうということです。

最後にこの五つの戒めを私は、現在のわれわれの生活に即して、こういうふうにいったらいいかと思います。まず、不殺生戒というのは、「命を大切にしましょう」、命あるものはむやみに殺したり傷つけたりしない、命を大切にしましょう。これは一般にいわれていることですね。それから二番目の不偸盗戒、ものを取らない、盗まない。これは、「ものを大切にしましょう」ということです。先ほど申しましたように、ものは単なるものではありません。そのものには思い出がくっついている場合もありますし、その人の想いがくっついている場合もあります。そういうものを大切にしましょう。それから不邪婬戒。不倫をしないということは、これは「人間関係を大切にしよう」、人と人との交わりを大切にしようということでございます。単なる欲で人と人との関係ができ上がっているのではない、もっと清らかなところでの人間関係というものを大切にしていきましょうということですね。それから四番目の不妄語戒は、「言葉づかいを大切にしましょう」ということです。これは、信用を大切にしましょうともいえるかもしれません。人間の信頼関係を損なうもとは、言葉でございます。一言で信頼関係が失われてしまいます。たとえ私がここでどんな立派なことを申し上げても、たった一言変なことをいってしまいますと、もうそれで、これまでの信用が全部失われるということにもなりかねません。そういう意味で、言葉を大切にしましょうということは、世の中の信頼関係を失うもとが言葉にありますから、信用を大切にする人は言葉遣いに気をつけましょうということになりますね。そして最後の不飲酒戒、これは、「心を大切にしましょう」といいますか、人間の理性とか感性とか、そういう精神を大切にして、常に冷静であること、沈着であること、ものが正しく見えるように精神を常に安定させておかなければならないということであります。平常心を失うと、ものが正しく見えなくなってしまいます。そういう意味で、お酒に気をつけろというのは、平常心というものを失わないように、心を大切にしましょうということですね。

こういうふうに考えると、だいたい大切にしなければならないものをいい尽くしているのではないかと思います。命を大切にし、ものを大切にし、人間関係を大切にし、言葉づかいや信用を大切にし、そして平常心を大切にするということは、われわれの生活において常に心がけねばならない五つの心がけといってもよろしいのかなと思った次第でございます。なかなかこれをすべて守り通すということはできませんけれども、できるだけこういうことに対して無節操にならないように、少しでも注意深くしようというのが、「戒める」という態度ではないでしょうか。

第七章　宗教と教育

漢字文化の希薄化

二一世紀に入って八年目を迎えようとしておりますが、日本は大きな曲がり角に来ているといいますか、ひとつ大きな問題を抱えているのではないかと思うところがあります。どうも日本の教育というものは、連続性に十分配慮していないのではないか、非常に古い伝統というものがどこかで少しずつ途切れていくような教育の中身になっているのではないかと思うのです。特に仏教というものを建学の精神にしている中学、高校、大学において、非常に仏教が教えづらくなっている。みなさま方も仏教の教えを学ぶのが難しくなってきているのではないかと思っているのです。

なぜかといいますと、それは仏教が中国の文化を一つの伝統としているからではないか。つまり、私たちは漢字の文化を仏教の伝統にしているからではないかと思うのであります。みなさま方もご存じのとおり、お経は漢文でできております。この漢文をお坊さまは棒読みをなさるわけでございますが、みなさま方は聞いていても何のことだかわからない。また、その漢文のお経の文字をそのまま見せられましても、何が書いてあるかが非常にわかりづらくなっている。そういう意味で、日本の伝統としての漢字文化がだんだん薄れてきているわけです。戦後世代の人にとってその辺はもっと明確でございまして、最近では漢字を見せられただけで拒否反応を起こすような若者まで出てきておりますこれは結局、漢字の伝統というものを教育の現場からだんだん希薄にしてきたからではないかと思うのです。

特に仏教というのは、中国の南方の発音を取り入れまして、呉《ご》の国の発音——呉音《ごおん》と申しますが、呉音で漢字を発音する。日本の漢字の発音には、漢音《かんおん》と呼ばれる北のほうの漢の国の発音と、南の呉音と、もう一つは唐の時代の発音の唐音《とうおん》というのが入ってきております。この三つがいちばんよく現れているのは「行」という字です。「行」は行為《こうい》という単語では、「コウ」と読みます。ところが、仏教などで修行《しゅぎょう》というときには「ギョウ」と読む。そして唐音では行灯《あんどん》などで「アン」と読む、諸国を行脚《あんぎゃ》するの「アン」であります。

このように、中国では地方によって漢字の発音が違っていて、日本では各時代の要請に応じて中国のさまざまな文物を現地の発音とともに取り入れてきました。したがって日本では、文物によって伝統的に漢字をさまざまに読み分けてきたわけです。ところが、明治期に西洋の文物を日本に取り入れるときに、それらを漢字で置きかえる翻訳の時代があったのですが、その新しい言葉の発音はだいたい漢音で、仏教の伝統である呉音を採用しなかった。

私には、明治のときにどうして呉音を継承しないで漢音にしたのかということが一つ大きな疑問としてあります。仏教にも絡《から》まる古い時代からの伝統的な行事というのは、仏教の読みならわしとだいたい同じ発音になっていると思うんです。たとえばお正月《しょうがつ》の「正」という字、漢音では正義《せいぎ》の「セイ」、「月」は「ゲツ」、ですからあれは「おセイゲツ」といわなければいけないのでしょうけれども、だれも「おセイゲツ」といわずに仏教の伝統である呉音の読み方「ショウガツ」と呼んでいる。こういうふうに、日本の伝統的な行事とか文化はいまだに仏教読み、つまり呉音の伝統が守られているわけです。しかし、新しく明治以降に生まれてきたような言葉とか使い方はだいたい漢音です。みなさま方が仏教の言葉を勉強なさると、いろいろ困惑なさったり、意味が通じなかったりするところがあるのは、普通の読み方と違うためなんですね。

それでも、戦後の一時期までの本には、総ルビといいまして、漢字に全部読み仮名が振ってございました。実はこれで、学校に行かないで仏教の勉強をしておられるような方も、とりあえず仮名が読めれば漢字の読みならわしがわかるようになっていたんですが、戦後いつごろからでしょうか、総ルビをしなくなりました。それから後は、みなさま方も仏教の本をお読みになるんでしょうけれども、たいていの方の漢字の読み方がたぶん仏教読みになっていない。自己流で勉強なさった方はたぶん仏教読みがわからないままお読みになっていると思うのです。

つまり、学校で習った漢字の読み方は漢音でございますから、漢音の発音でお読みになるので、私たちがここでお話をしたときの話がみなさま方に伝わらないことがあって、そのたびに、この漢字はこういうふうに読むんですよ、あるいはこの言葉はこういう漢字を使うんですよといわなければわからない。そういう非常にややこしい形になっておりまして、そういう意味で、伝統的な日本の文化が伝承されるということが非常に難しくなっている。もう二一世紀の若者は、仏教の教えを漢字や漢文で勉強するよりも、英語で読んだほうがわかりやすいなどといいはじめています。ということは、日本のそういう伝統的な物の考え方や発想がだんだん受け継ぎにくくなっている。この辺もたいへん大きな問題ではないかなと私は思っております。

それから、みなさま方が漢字の文化、漢文を習うということは、一つには、その中に深い思想というものが含まれております。たとえば「少年老い易く学成り難し」という漢文を読めば、それは一つの人生訓になっていたわけであります。「一寸の光陰軽んずべからず」というのは立派な人生訓になっていた。ですから、漢文の文章を習うことは、すなわち、いまの言葉で大げさな言い方をすれば、人生の哲学を習うような部分があったと思うんです。

では、私たちが戦後の英語の教育を受けて、英語の教育の中からどれだけ哲学を学んだかというと、あまりそういうものはないわけであります。そういう意味でも、現在、戦後の教育が私たちにいちばん大切な物の考え方といいますか、堅《かた》い言葉でいえば人生哲学というようなものをきちんと形成するような教育をやってきたのかどうかという点で、非常に危ういものがあると思います。そこに一つわれわれの大きな反省すべき点があるのではないかなと思っております。

仏壇とテレビのサイズ

もう一つ、戦後の私たちの歩みを考えるときに、一つの大きな社会現象として、みなさま方のご家庭の中でますます小さくなったものと、ますます大きくなったものがあるんです。ますます小さくなったものは何かというと、お仏壇《ぶつだん》でございます。昔は和式の住宅でございましたから、必ず床の間《とこのま》がございまして、その床の間にお仏壇をご安置してありました。ところが、戦後、いろいろな建てかえが進み、洋式に近い建築に変わってくる中で、床の間というものがだんだんなくなってまいりました。畳の部屋もどんどん数が少なくなってまいりまして、床の間に置かれていたお仏壇はお茶の間に移され、お茶の間に移されたその次は、今度はお年寄りの部屋に移されまして、お年寄りがお亡くなりになりますと押し入れにかくまわれる。今はそういう事態になっておりまして、お盆とお彼岸のときにだけ押し入れから出してきてご安置をしてお坊さまのお経をいただいている。面倒くさい人になったら、もう押し入れからも出さないものになっているのかもしれませんが、そういうふうにどんどん小さくなりました。そしてまた、床の間に置かれていた大きな仏壇は、箪笥《たんす》の上に置かれるような小さな仏壇になってまいりました。その仏壇が小さくなることを通して、何がわれわれの心から失われたかといいますと、手を合わせて拝むという習慣が実はなくなってきております。

それに比して、家庭の中で小さかったものがどんどん大きくなったものは何かというと、これはテレビでございます。小さなテレビがだんだん大きくなりまして、一家に一台のテレビが、一部屋に一台のテレビになりまして、今や一人ひとりがテレビをみんなもっている。そして、若い者は若い者、お年寄りはお年寄りでそれぞれ違った番組を好きな時間に好きなだけ見られるという状況になってまいりまして、応接間にはハイビジョンという非常にでかい画面の大型テレビがでんと鎮座ましましているというのが今の現状ではないかと思うんですが、そういうふうに変わってまいりました。

そして、そういうテレビから流れてくるものに非常にみんなが権威を置くようになりまして、だれかがテレビに出たというと、それが非常に価値のあることのようにいうようになりました。テレビでだれかが何かいうと今の人は、それが神さまのご託宣ででもあるかのように非常に権威の高いものとして受けとめる風潮がどうもあるような気がいたします。ですから、学校で生徒が先生のいうことを聞かないとか、あるいは先生の権威が非常に低下したとか、いろいろいわれますけれども、それは、決して学校や先生に責任がないということではないけれども、実はテレビの影響というものが非常に大きくて、先生の影響よりもテレビの影響のほうが大きい。先生に感化されるよりも、テレビに感化されることのほうが大きい時代になったということも、学校教育の力を相対的に落としている一つの原因ではないかなと思うんです。

テレビの影響力

もう一つ、みなさま方のご家庭で戦後大きく変わったことは何かというと、このごろみなさま方のおたくの表札が二つになってまいりました。たとえば、私、田中と齋藤というように、二つの表札がかかっている家がこのごろ増えてまいりました。これはどういうことかというと、要するに、そのご家庭に娘さんのご家族が住んでおられるということです。娘さんが結婚なさって、そのおたくの姓と、もともとの姓とが門に二つ並ぶようになっている。要するに、長男夫婦と同居するのではなくて、娘夫婦と同居するパターンが増えてきたということだろうと思います。昔でしたら、男の子が生まれて、そして男の子に一緒に住んでいただく。長男のお嫁さんと仲よくしなくちゃというふうに考えたんでしょうけれども、このごろは、嫁、姑がたいへんだから、むしろ娘夫婦と一緒に住むようにしたほうがいいんじゃないか、だんだんこうなってきているのではないかと思うんです。

　これはどこから始まったのか。小学校でも中学校でも高校でもどこでも教えていない。ましてや、大学でもそれを勧めた覚えはないのでございますが、なぜそうなったんだろうと考えてみますと、これはもうテレビの影響以外の何ものでもないと私は思うわけでございます。テレビ「サザエさん」の影響だろうということでございます。サザエさん一家は、磯野家のサザエさんが鰒《ふぐ》田マスオさんという人と結婚しまして、鰒田の姓を名乗っているので、鰒田サザエさんなんですけれども、一緒に住んでいるわけですから、磯野家と鰒田家の人たちが同居して円満に暮らしているわけであります。マスオさんは別にご養子ではないんですけれども、奥さまのご家族と円満に家庭を営んでおられる。ですから、現在の男の人の理想像はマスオさんということになりますし、女性の理想像はサザエさん、こういうことになります。それは小さいときから週二回、日曜日の夜と火曜日の夜に必ず「サザエさん」を見ないと眠れないという子どもたちがずうっと大きくなってきたことも一つ原因ではないのかなと思うのですが、これは私の勝手な解釈でしょうか、それとも、みなさま方もそうかもしれんと同意していただけるでしょうか。だんだんにそういう家庭が一つの理想のタイプとして考えられていくということも、テレビの大きな影響ではないかなという気がいたします。

あと、テレビがいろいろと残虐な場面を描いてみせたり、実際の場面を映像で流したりしますので、そういうものがわれわれに与える影響というものも大きいと思います。人間というのは非常につらい場面を見せられますと、強烈なショックを受けます。でも、ショックを受けっ放しでは日常生活に戻れないので、鈍感になることで自分を守ろうとします。一種の馴《な》れを生じさせることで、二回目、三回目のときには一回目のときほど驚かないようになる。そういう自己防衛本能が働きます。そこでテレビのほうでは、鈍感になった視聴者に対して、ショッキングな場面をエスカレートさせていく。番組はエスカレートする一方、人間の心はどんどん鈍感になっていくわけですね。こうして命は尊いものという私たちの感性が次第に薄らいでいく……。

たった一度しか起こらないこと

戦後の教育のもう一つの問題点は、これが今日のいちばん大きなテーマになると思うのですが、宗教教育というものに対して非常に警戒心を強めて、公共の教育においては宗教を扱わないできということが挙げられます。明治時代に学校制度が発足しまして、戦前まで何をやってきたかというと、日本は神の国であり、天皇を頂点にいただく国であるという教育をやってきたわけです。そういう意味では、日本の古代の宗教である神道を全国民の宗教として公教育の中でやってきた。それが結果として戦争に突入し、日本の国が負けるという結果になりましたので、そういう教育をしてはならぬということであります。たしかに神道をもって国の宗教とする、全国民が神道の神を崇め尊ぶという教育には大きな欠陥といいますか、問題があったというふうに反省しなければならないわけですけれども、しからば宗教というものはまったく必要がないのかということでありますか。宗教を極度に拒絶するような教育が本当によかったのかということが、いま大きく反省すべき点であろうと思います。

もう一つ、宗教を重視しなかった理由として、科学的な物の見方を中心に置いて、科学的な物の見方以外は認めないという非常に極端な科学思想があったと思うのです。そういう思想が私たちに注入されて、宗教というものは非科学的だから信じてはいけないと戦後の教育の中で語られてきましたが、私は、もう一度科学にも考え直してもらわなければいけない大きな問題が含まれていると思うのです。科学的合理主義といいますか、科学的な物の見方というのは、理論・理屈をもってこの世界を説明していくという一つの態度であります。でも、この科学的合理主義は、この世の中でたった一度しか起こらないことは対象にしません。科学が対象にする原理・原則、それを突き詰めていくのは、この世界において繰り返される現象で、その繰り返される現象の法則性、そういうものを明らかにしていくのが科学でございましょうけれども、たった一度しか起こらないような出来事は、科学では説明が不可能だということで除外してしまう。

たしかに、この世の中で繰り返し起こることの因果関係を明らかにすることは、それなりに有効であります。それを利用することができます。たとえば高いところから物を落とせばおっこちるということは、何回繰り返してもそういうことは起こりえます。そういう何回も繰り返して起こるもの、高いところから低いところに落ちるということについて、どんな法則性があるかということを明らかにするのが科学でございます。たまたまあるものが下におっこちないで上にいったらどうなんだ。それは一回しか起こらないことがらで科学の対象ではないということになるんでしょうね。

ですけれども、私たちの人生というものをよく考えてみると、繰り返されることによっていろいろな影響を受けることも確かですけれども、たった一度しか起こらないことに大きな影響を受ける、これも事実であります。そういう問題をどうするのかということはまったく科学はお手上げ状態です。たとえば、ここにいらっしゃる方は一人として同じ方がいらっしゃらないわけですから、みなさま方がこの世に誕生なさったということは、これはまったくこの世においてたった一度の出来事ですね。で、それはなぜだと科学者に問うても、科学者は何も答えません。答えられないことは偶然だといって放置するのです。

しかし、たった一度しか起こらないことを偶然で済ますことができるとなりますと、私たちがこの世に生まれたのは偶然だということになります。それも、おそらくうちの父と母が気まぐれに遊んだ偶然で生まれてきたなんて話になります。それでは、私がこの世に生まれたことの必然性は何もないことになります。私がこの世に生まれたことに何の意味もない、ただの気まぐれというようなことになりますと、生きていることの意味も価値もまったくわからない話になってしまいます。

科学と利用価値

私の人生にたった一度しか起こらないことが、まったく意味のないことか、あるいは偶然で済まされるのかどうか、ここのところが実は大きな問題点ではないかと私は思うのです。

繰り返されるということの意味というのは、一種の利用価値ですね、利用する上で価値がある。また今後も繰り返し起こるかもしれないと予測し、自分にとって利益があれば、それを上手に利用しようと考える。だいたい科学の価値というのは、ある意味で利用価値につながっている。技術に展開して、その技術を私たちが利用することで生活を豊かにする、そういうことになっていると思うのですが、その一方で、私たちにとってたった一度しか起こらないことも大きな価値がないと、自分がここにいることの必然性がわからなくなります。そういう意味でも、人生においてたった一度起こることとはいったいどういう意味をもっているのだろうか、それをもう一つ私たちがしっかりと考えていく必要があるのではないかと思うわけであります。

そうすると、これはもう科学あるいは人間の力では説明ができませんから、昔の人はそれを「不思議」といった。私たちは、そういう人生に起こる不思議ということをどう受けとめていくのか。これも私たちの人生においてたいへん重要なことだろうと思うのです。実は私たちの今の生活は、私たちの人生に起こってくる不思議ということに対してしっかりと眼を向けていくという態度が非常に足りないように私は思っております。いかに利用するかというほうは非常に発達させてきたけれども、もう一方の不思議なことに対してわれわれがどう対処していったらいいかという点が非常に欠けている。

利用価値ばかりを人間が追求していけば、それはもう利益があるかないかということだけにつながってきますから、私たちの人生はすべて損か得かという話になります。そうすると、自分にとって利益のある人は価値ある人ですが、自分にとって利益がなくなってきますと、その人はもう価値がない人というふうになってまいります。そうしますと、世の中はどうなるかというと、小さな子どもとお年寄りはあまり利用価値がございませんから、非常に価値が低いものと見なされることになる。利用価値が高いのはいちばん若い人ですから、若者だということになってまいります。そこに現在のいろいろな大きな問題点があるのではないでしょうか。

結局、利用価値が低い子どもたちが虐待されたり、利用価値が低くなったお年寄りが冷たい扱いをされたりということになっているのは、それは要するに利用価値で物事を見ているから、あるいは自分にとって利益があるかないかというところで見られているからであります。みなさま方がそういう意味での自分の価値を減らさないようにするためには、札束を見せて、私はこれだけお金をもっているから、利用価値を求める人はいらっしゃいといって札束で人を利用するしか方法がないかもしれないですね。そういう考え方に立ちますと、年寄りも小金をもっていないとバカにされるぞという話になってきます。

昔は、利用価値があるものは大切にするけれども、利用価値がないものは大切にしないというような価値観で生活をしていたのではないと思うんです。子どもも、これから利用価値がでるために一生懸命育てているんだ、これだけ子どもに投資したんだから、あとこれを回収しなければと考えているような子育てをしたのでは、本当の立派な人間が育たないのではないかと思うんです。本当はそうではなくて、本来もっと別の視点があるべきだ、と私は思うわけであります。

「いのち」の法則

その価値とは何かというと、最近みなさま方がおっしゃっている「いのち」ですね、その「いのち」というものをもう一度見つめ直してみなければなりません。「いのち」の法則というのは、決して科学的な法則にしたがっているわけではありません。相互影響的なものです。他のいろいろなものの影響を受けながら柔軟に変わっていく。一種バランスを保ちながら、バランスが少し崩れたり、そのバランスの崩れを修正したりすることを通して、「いのち」はたえず変わっている。そういう柔構造の動きをするのが、どうも「いのち」のようです。

小さな子どもには、みずから成長していこうという内部のエネルギーのはたらきがありますが、もう一つ、外側からいろいろな刺激を受けて、その刺激によって自分が変わっていくという部分もあるようです。脳の発達というものは、たしかに脳自身が少しずつ発達していって、言葉がしゃべれるようになるとか、運動能力がだんだんついてくるとか、そういうふうにして脳が人間の身体にいろいろな指令を発して成長を遂げていく部分がありますけれど、中央司令塔から全部指示が来て人間の身体がどんどん成長していくだけではないですね。そうではなくて、身体の末端からいろいろな刺激を受けて、その刺激を脳がキャッチして、その末端から入ってくる刺激に反応しながら変わっていく部分もある。外側からいろいろな刺激を与えることで脳が形成されていくわけですね。もしそれがなかったら教育というものは成り立ちません。このようにして、「いのち」というものはいろんな刺激を受けながら変わっていくわけです。

小さいときから音楽の刺激を与えると、音楽に対する反応が良くなってきます。しかし、音楽を与えれば、みんながみんな音に対して同じ反応をするようになるかというと、そうではなくて、反応の仕方は千差万別です。外からの刺激だけですべてが形成されるわけではなく、個性がはたらくからですね。内部と外部、両方が相まって物事は起こっていくわけです。

卑近な例で恐縮ですけれども、私たち夫婦は、本をたくさん買い込んで、本を読みながら勉強するという習慣がございます。そうすると、生まれたときから家の中に本がたくさんありますから、子どもたちはみんな本の虫になるかというと、決してそうじゃないですね。子どもが三人いたんですが、真ん中の子どもは、絵本を読んでやると、要らないという。本を読んでくれという子と、本を読んでくれるなという子がいるんですね。だから、幼稚園や保育園の先生が本を読んでくれ、読んでくれという子どもを見て、「いや、さすがに親がみんなご本を読まれるおうちですから、お子さんも本がお好きなんですね」といわれると、私はそれは違いますよといっている。なぜならば、本が好きに育った子どももいるけれど、本がまったく嫌いだというふうに育った子どももいますから、同じ環境の中に置けば同じようになるというのも、これまた嘘でございます。やはりその子どもがもっている先天的な資質というものもある。そこが個性だと思いますけれども、うまくそこがマッチすればうまくいくんでしょうし、環境がたまたま自分の個性と違っていれば、どんなに刺激を与えても限界があるというのが本来じゃないでしょうか。そういうふうにして人間の「いのち」というものは、外側からも刺激を受けながら自分というものを変えていく、そういうものをもっていると思うんです。

そして、「いのち」というものは、みずからの力で自分というものを内側からも変えていく。オギャーと生まれた子どもは成長しますが、成長があるところで止まって今度は退化していく。成長から退化へという一つのはたらきというのは、「いのち」みずからがやるわけです。

ところが、科学的な物の見方というのは、みずからが変わるという、そういうことはいっていないと思うのです。科学的な物の見方というのは、どこか外から何らかの要因が加わって、その要因によって変わっていくというんです。そういう言い方からすると、「いのち」というものは、科学ではおそらく一〇〇パーセント説明できないだろうと思います。

みなさま方がどうして白髪になりはじめたのか、その白髪になる要因はどこにあるのか、これは探してもなかなか説得力のある要因は見つからないということになるのではないでしょうか。中には、ある非常にショッキングな体験をして、その日から白髪が急に増えはじめたという人もいらっしゃるかもしれないけれど、そうでないケースもある。

それはなぜかというと、「いのち」というのは、みずから自分を変えていく力を、自身の中にもっているからなんですね。そして、変わっていく一つひとつの出来事を自分なりに受けとめて、それをどう自分の中で価値づけ、意味づけていくかということが、人間の精神の重要な機能になっていると私は思うのです。

そういう意味で、一人ひとりが生きていくときに、ある何らかのイメージを描きながら、そのイメージと現実との落差を感じて、その落差をどうやって埋めていくかというような営みを、人間の精神というものは、一回一回しているのではないかと思うのです。そして、その「いのち」のいちばん根本にあるもの、特に人間の「いのち」のいちばん根本にあるものは何かというと、それは「悩み」だと思うのです。

さまざまな悩み

人間はみんな悩みます。悩みがないという人は、ある意味で人間としての機能が非常に低下しているのではないでしょうか。みなさま方が人間的であればあるほど、悩みは深いのではないかと思うのです。要するに、自分が変わっていこうとする一つのプログラムといいますか、理想に向かって自分が自己変革を遂げていこうというプログラムと現実がうまくマッチしないところに起こってくるものが悩みです。私たちはだいたい予測できることに対して悩むというよりも、予測できない出来事に対して悩むことが多いわけです。現実にそういうものが振りかかってきたということも悩みですし、どうも思いどおりにいきそうもない、予想が外れそうだということも悩みですし、そこからどうしたらいいかという不安な感情も出てきます。そういう理想と現実のはざまの中で人間は悩んでいくわけです。

そして、その中でいちばんの悩みは、繰り返されることではなくて、たった一度しか起こらないことを私たちがどう受けとめたらいいのかということではないか、私はこう思うわけです。私たちは、そういう大きな悩みの中で、その悩みとどう折り合いをつけていくのか、ここに一つの大きな宗教のはたらきがこれまでもあったし、これからもなければ、おそらく悩みは解決されていかないのだろうと思うのです。

人間は理想に向かっていく欲求をもっていますが、心理学者のマズローは、欲求には段階があるといっております。

まずいちばんベーシックな欲求というのは生理的な欲求ですね。生理的な欲求が満たされないと、これもまた悩みになります。たとえば食事が十分に食べられない。これは、まず生理的な欲求ですから、飢餓感の中ではいちばんそれが強くなるでしょうね。貧しい、十分に食事がとれない人にとっては何とかして空腹感を満たしたいと思います。

生理的欲求が満たされますと人間はどうなるかというと、次は安全とか安定を求めるようになります。安定して食事ができるかどうかですね。一回こっきり、たらふく食べられても、この次また食べられないということでは、精神的に不安定になりますから、できるだけコンスタントに安定して物が食べられるように、あるいはコンスタントに安定した生活が営めるようにしたい、これが人間の二番目の欲求でございます。

生理的にも満たされ、安定した生活を営めるようになりますと、今度は、人間は自分の属している場所、自分の居場所というものをきちんと確立したいと思うようになります。たとえば家庭的には、食べるもので困ることはない、帰ればちゃんと自分の寝床はある。これは一種安定しているわけですけれども、しかし、お兄ちゃんが威張っていて、いつもお兄ちゃんのいうことをきかなければいけないのは納得がいかないとか、こういうことになりますと、これは自分の居場所の問題になります。うちのお父さんはふんぞり返って、何でもかんでも命令するのは甚《はなは》だ納得がいかないなどという話になると、これは所属の中で自分がどういう居場所を与えられるかという問題であります。

そういう三つの段階を過ぎますと、四番目には、他者から認められて自分に自信をもちたい。自尊心とか尊敬されることに対する欲求が出てくる。家庭の中でもそれなりの居場所が与えられたといたしましても、その次に出てくるのは、他の人から認められて尊敬される、自信がもてるということが一つの人間の欲求になってくる、こういうふうにいっております。

これらの四つの条件を一つのベースにして人間は自己実現の欲求というものがそれから後いろいろ出てまいりまして、自己充実であるとか、自分の独自性であるとか、自分の完全性であるとか、あるいは究極においては真と善と美を追求する、自分は最高善に近づいているかどうか、最高の真実を自分は知ることができるかどうか、究極になりますとそういうところに行く。人間はそういう理想をもって、そこに向かって進んでいこうとするわけですが、そういうものが満たされないところに人間の「悩み」があるわけです。

ですから、悩みというのは、自己実現の欲求の裏返しとしてあるのではないかと思います。そういう意味で、悩みがあることが問題なのではなく、その悩みをどのようにして解決するかというところがいちばんの問題、悩みをなくすることが大事なことではなくて、悩みをどう解決していくかという問題をきちんと考えていくことがいちばん大事ということではないでしょうか。

「いのち」のプログラム

宗教というのは、私たちの悩みは絶対的な視点に立って解決していかなければ、根本的な解決にはならないということを私たちに教えているのだと思います。なぜかというと、私たちが住んでいる相対的な世界では、それぞれがみな矛盾を抱えながら生きていて、この世の中ですべての悩みが解決されるということはありえないからです。相対的な世界では、どこまでいっても未解決のままに終わらざるをえない。一部分が解決されたとしても、必ず未解決の部分が残る。したがってこの問題は、最終的には絶対的な視点に立って解決するしか方法がないんだよということを、宗教が教えてきたように私は思うのです。

ところが、近代の科学的な物の考え方は、いや、それは科学の力であるていど解決できるのではないかといってきたと思うんです。たしかにまったく解決ができないわけではなくて、科学によっていろいろ解決されてきたものはあるわけです。たとえば医学の進歩によって、これまで治らなかった病気も治すことができるようになった、体力が衰えて早く歩くことができなかった人たちも、車を利用したりして早く行くことができるようになった、そういうふうに、これまでできなかったことができるようになることで、われわれの悩みが解決された部分はあります。しかし、それはみな相対的な意味での解決であって、根本的な意味での解決ではないということがだんだんわかってまいりました。そこに科学の限界というものもあるていど見えてきた。科学はいろいろな解決策をわれわれに提示したので、科学的解決でかなりの部分まで解決できるのではないかと、このように人間が過大な期待をしたわけですけれど、実際にはそうはいかない。科学が解決できるのは一部分であって、全体的な解決はできないということがわかってきたのだと思うのです。

そのいちばんいい例は、どんなに医学が進歩して病気をなくしていったとしましても、みなさま方が死ななくなるということはないだろうということでございます。つまり、科学は、病気があって、その病気が原因で私たちが亡くなるんだというふうに説明して、その病気をなくせば、その病気によって亡くなる人はいなくなるのだといって、これまで病気を退治してきたわけですけれども、よく考えてみると、「いのち」というものは、みずから成長し、みずから退化していって、みずから「いのち」を終えていくという一つの内的なプロセスをもっているわけです。内的なプロセスをもっているその中で、あるとき、ある病気というものを一つの外的な要因にして自分のプログラムを変えていっているわけであります。ですから、どんなに病気がなくなっても、生命体そのもののプログラムとしては、死というものをなくするような生命体はないわけであります。本来死ぬということがあって、そこに病気という要因がくっつくのでありまして、病気が原因で亡くなるのではないというのが「いのち」のほうから見た問題のとらえ方ではないかと思うのです。ですから、みなさま方は、病気になろうがなるまいが、二百歳まで生きる可能性はまずないと思わなくてはいけないということだと思うんです。この世の中から一切の病気がなくなっても、みなさま方が五百年の人生を全うするなどということはたぶんないだろうというふうに考えるべきじゃないかと思うのです。

たとえば事件とか事故に遭《あ》って尊い「いのち」が失われることがあります。それを私たちは科学的に考えて、そういう事件とか事故をなくせば、その「いのち」はちゃんと天寿を全うすることができるのではないかと思うわけですが、しかし、果たしてそうでしょうか。

「いのち」がみずから「いのち」を終えるきっかけとなるものをどこかに探していて「いのち」を終えていくのだとしますと、まさに死すべき縁というのはどこにでも転がっているわけで、私だって喉《のど》にものを詰まらせて亡くなるということがあるかもしれない。そんなばかなというかもしれないけれど、そういうことだってありうる。普通では考えられないようなことがきっかけになって「いのち」を落とすことがあるのではないでしょうか。

原因があったからそういうことになるというのではなくて、むしろ「いのち」自身がどこかで終えるというプログラムをもっていて、終えるきっかけをどこかに求めていると考えると、みなさま方も死なねばならないときはどういう状態でも死なねばならない、そういう一面があるのではないかと思うのです。つまり、外的原因を全部除けば人間はいつまでも生きられるということではないんじゃないでしょうか、ということですね。

生理人類学の先生方は、人間の本来もっている「いのち」は百二十歳ぐらいで、いろんな要因で百二十歳の生命力を短くしているとおっしゃっています。その原因が、たばこであったり、酒であったり、いろいろなストレスであるかもしれないけれど、しかし、そういう要因を全部除いたとしても、人間はおそらく百二十歳以上長生きをすることはまずありえないし、そういうふうに人間の「いのち」のプログラムは組み立てられているのではないか、という面もきちんと見ておく必要があるのではないでしょうか。

宗教は、そういうものをきちんと私たちに教えていたように思うんです。生まれるということは、同時に死なねばならないということをその中に含んでいる、そういう意味でも、私たちの人生というものは矛盾したものであります。お互いに矛盾したものをその中に抱え込んでいるのが「いのち」ということではないでしょうか。仏教で「死の縁無量＝死ぬきっかけは無限にある」といっているのは、死そのものが本来、「いのち」の約束事としてできている以上は、どんなことでもきっかけになるんですよと教えているわけです。

成る人には成るし、成らない人には成らない、おもちを食べて喉につかえて亡くなる人もあれば、おもちが喉につかえない人もある、これまでおもちが喉につかえなかったから今度も大丈夫だという保証もなく、大丈夫だと思って食べたら喉につかえてご臨終ということもございます。これはもう約束の限りではなく、保証の限りでもない、この世の中はどんなことをもきっかけにして、どのようなことも起こりうるような仕掛けに、本来の「いのち」の世界がなっているんじゃないか。私たちは、そのことをしっかりと注視しておくほうが大事なのではないかというのが、仏教の基本的な考え方のように私は思うんです。そこをまずきちんと押さえた上で、どう生きるか、どうしたらいいかということではないでしょうか。

現代社会の「いのち」に対する見方が、科学的な見方に席を奪われて、非常に見えづらくなっています。私はそれを「〈いのち〉の見えない社会」と最近いっているんですけれど、科学的な見方が優位であるということが、生命的な見方を非常に難しくしています。宗教は非科学的だと科学者が叫んで、宗教を非常に価値の低いもののようにいったのは、ある意味では科学的な見方と宗教的な見方がどこかで相容れないものをお互いにもっているために、科学者がそこを敏感に感じ取って、宗教を非科学的だと呼んだのではないかと私は思っています。でも、今になってみると、そういうふうに科学者が叫んだ非科学的な考え方を私たちがなくしてしまうと、これまた私たちの人生を非常に薄っぺらなものにしてしまう、つまり、損か得かということだけでしか、あるいは利用価値でしか物事が見られないようなことにもなっていくのではないでしょうか。

この世においてたった一度しか起こらないことをもっと大切にする必要があります。私がこの世に生まれたということも、この人類の歴史においてたった一度のことでありますし、そして、私がいつ、どこで、どういう形で死ぬかということもだれにも予測できない、また、自分にしか起こりえないような起こり方でしか一人ひとりはみな死なないのではないかということですね。そういうふうに、一人ひとりがみな、まったく他の人と違った形であるという、まさにその一回性、一回しか起こらないことの中に私というものの存在価値の尊さがあるのではないか、こういう物の考え方をしないと、一人ひとりがみんな違ってみんないいということにはならないし、みんなと同じにしなくちゃいけないということになる。科学的に考えると、みんな同じでなければいけないという話になってしまう。

倫理性の根拠

もう一つ、現在の科学的な物の見方にもとづく教育の中で大きな問題になっていることは何かといいますと、倫理的な問題であります。正義感の問題ですね。戦後の教育の中で、科学的な物の考え方というものが一つ私たちに大きな問題を提起したのは、私たちが倫理、道徳というものを何を根拠にして守っていくのかということであります。利用価値が高いかどうかということで問題を考えていきますと、これはもう弱肉強食の考え方にならざるをえません。今日はこの話を主にしたいと思っていたんですが、他のほうに時間をとられてしまいました。

ロシアのドフトエフスキーという人が『罪と罰』という小説を書きました。この『罪と罰』という小説は、ラスコーリニコフという一人の青年が老女を斧《おの》で殺してしまうお話であります。これはどういうことかというと、ラスコーリニコフという人がこういうことを考えるんです。自分は非常に才能をもった人間であるけれども、現在、非常に地位の低いところに置かれている。才能をもっているにもかかわらず、何らかの形で社会の上にのぼっていくことができないならば、自分は一生ロシアの社会の底辺に埋もれて、それだけで死んでしまうことになる。何もできないで終わってしまう。そういうふうに自分を投げ捨てて、まったくうだつの上がらないまま、この社会のあぶくとなって死んでしまっていいのだろうか。そうじゃなくて、自分は何とか力の限りを尽くして社会の上にのぼって、そして自分の才能を発揮すべきではないかと考えるわけです。自分が上にのぼっていくには、尋常な行ないをしていてはだめだ。だいたい世の中の英雄になっていくような人は、ぎりぎりの瀬戸際に自分を置いて、あえて犯罪をおかすぐらいの試練を自分に課して、それを乗り越えた人間ではないのか。こういうふうに考えて、この老婆を殺すか殺さないかは、自分がよい人間であるかどうかではなくて、要するに、殺すだけの力が自分にないかいら殺せないのであって、力のある人は殺すことができるのではないか、殺すだけの力のある人間が、最後には社会でのし上がっていって英雄になるんじゃないか、こういうふうに考えているうちに熱にうなされるようになって、斧で一撃のもとに老婆を殺してしまうというお話なんです。

これはドストエフスキーが、神という絶対の価値観の根拠をもたない人間が、最後のところで頼るものは何かといったら力ということになる、そして、自分に力があるかないかということが自分にとって最後のテーマではないかと考えたわけです。人を殺さないのは、正しいから殺さないというのではなくて、あれは力のないやつ、弱虫が殺さないだけじゃないか、だから、戦争を仕掛けて、人間を虫けらのごとく殺して勝利を得たものが英雄になっているんじゃないか、こういう話になります。

みなさま方は、人を殺してはいけないということの倫理性の根拠をどのようにお考えでしょうか。もしも神の名においてということがないとしたら、最後は、倫理性の問題も人間の力の問題に置きかえられるのではないかということをドストエフスキーはいっているわけであります。そして、力の強い者はそれをやるが、力の弱い者はそれをしないのだという話になったり、あるいは人が見ていないところではやってもいいが、人に見つかるようなところではやってはいけない。人に見つかるようなところでやったやつはへまをしただけだ、やることがいいか悪いかではなくて、ただそれはへまをしたかしなかったか、どじを踏んだか踏まなかったかの問題だということに現代社会はなっていくのではないかという警告を与えているわけであります。

この倫理の問題、倫理の根拠となるものをどこに置くかという問題も私たちにとって大きな問題です。みなさま方は、どこに根拠を置いて人を殺してはならないということの倫理性を確立されておいでてでしょうか。

近代社会が宗教的なものを否定して、神や仏というものを拝まなくなったことは、倫理的根拠を失いつつあるのではないかということを私はみなさま方に訴えたいわけであります。

たとえばみなさま方が信号が赤のところを平気で行くか行かないかというのは、見つからなければいいということであれば、信号を無視することになります。でも、そのときに、やはり人間の目はごまかせても、仏さまや神さまの目はごまかせないぞと思った人は、人が見ていなくても、してはならないことはしてはならないということになるんですが、いや、仏さまも神さまも、そんなものは科学的に証明されてないんだから、どこにもいないんだと考えてしまうと、人が見ていなければ何でもできることになりますね。そして、できないのはおれに勇気がないだけだということになります。人がやらないのも、あいつは度胸がないだけだということになりますが、果たしてそれでいいのかどうかということですね。

人生に一回しか起こらないことを、たまたま偶然起こったと考えるのか、自分の人生の中の必然と考えるのかということですが、絶対的な宗教的世界をもっている人は、たった一度しか起こらないことを、自分にとって必然的な出来事と受けとめると思うのです。一回の出来事に対する深い思い入れがある。それが私たちの人生を大切なものにしていくし、彩《いろど》っていくことになるので、その彩りの根拠は、やはり宗教的な視点といいますか、自分を中心にして見ていくのではなくて、絶対的な世界から相対的な世界を見るという視点で、一回の出来事も、それは尊いご縁である、あるいはそういう絶対者のおぼしめしであるというように位置づけることができれば、非常に大きな物の見方、視点の転換になると思うのです。

ところが、自分を中心にして見ていくと、問題の解決がどこまでいっても相対的な考え方の中で終始する。そして、結局、力関係の強い弱いというところに物事が集約されていくということになりますと、これは勝つか負けるかしかないという話になります。そうすると、お互いに相手をやっつけるまでは争いが終わらないですし、双方そうやって争いをしているうちに両方ともだめになっていくという最悪の状況になっていきます。神も仏もない社会において倫理、道徳をどうやって確立するかというのは、いま最大の問題だろうと私は思います。

そういう意味で、公教育の学校において、いちばん学校の先生を悩ませているのが盗難だと思います。物がなくなる、だれかが平気で他人のものを盗んでいく、他人のものを取るということに対する倫理性が非常に欠けた社会になっています。

私もこの前、セカンドバッグを電車の網棚に置いたまま本を読んで、本に夢中になって降りてしまいまして、それで駅に駆け込んで忘れ物をしたといいましても出てきませんでした。でも、後になって電話がかかってきました。どこにあったかというと、駅の便所に捨ててあったということです。要するに、だれかが便所に行って中をあけてみたけれども、何も取るべきものがございませんで、こんなものをもっていてもしようがないから便所に捨ててあったらしいんですね。要するに、そういうものが忘れてありましたら、必ず駅に届けるのではなくて、中身を自分で確かめて財布の中身を抜き取って財布だけは置いて帰るというようなことが、もう平気な社会になっております。

公教育の世界で、日常的に物が盗まれており、平気で物を盗んでいく子ができつつあるというのはすさまじい現象だろうと思います。私たちの学校では、人が見ていなくても、ちゃんと仏さまが見ているぞといってくぎを刺してございます。だれも見ていないと思ってはいけない、仏さまにちゃんと見られているということを常に念頭に置いて、自分がどういう生き方をしなければいけないかを仏さまの視点から考えて反省するようにする、ここがいちばん大事な点だろうと思います。

大きな視点

私たちの学校は仏教主義の学校ですから、大学の学生は全部必ず一度は仏教の勉強をすることになっていますが、仏教学の時間に学んだことを担当の先生に感想として提出したものを、武蔵野女子短大五十周年のときにまとめてくださったものがあります。その中に本当に素晴らしいものがあります。

たとえば「弱いから強くならなくちゃ。強くなりたいから頑張らなくては」これは今の社会ですね。先ほどいいましたように力しかないんですから、弱いものは強くなれ、強くなりたかったら頑張れ、こういうふうにみんなからいわれているんですね。「でも、本当は強がっているだけ」「弱さを認めることも強さの一つ」この子の素晴らしいところはここですよ。いいですね。弱さを認めることのほうが、強がっているだけの強さよりももっと底力があるんじゃないかということに気がついた。これは私は絶対的な世界を教えてもらうことで学んだ非常に大きな点だろうと思います。ですから、だれか相手を倒して相手から奪うことの強さよりも、相手に譲ることの強さのほうがもっと強い強さではないか、そういう視点も本当は大事なことなんですね。でも、優勝劣敗の考え方しかできない人間にはそういうことはできません。

「いいことをしたと思っている自分、その裏側で、お返しをしてほしい、お返しをもらうのが当たり前と考えている自分、その間違いに気づかせてくれる教え、仏教は本当に不思議で、どこか暖かい」と書いてあります。いいことをしたと思っている自分、その裏側でお返しをもらうのが当たり前だと思ってしまう。善人と呼ばれることがいかに問題であるか、その視点がここにございます。

これから老人の介護が必要な時代になりますけれども、老人介護でいちばん難しいのはなにかということです。介護してやっているという思いがあったら、その介護は失敗すると思います。介護してやっているんだ、ありがたく思えといわれたら、そんな奴に介護なんかしてもらうものかということになります。そうじゃなくて、介護する側が、介護させていただいておりますということにならなければ、決していい介護にはならない。どういう介護をしてくださったかという一つひとつの内容でもなく、ふろに何回入れてくれたか、くれなかったかでもない。何回入れてもらっても、入れてやったといわれたら、三回を一回にしておこうかということになります。そんなに恩着せがましくいわれてまでふろに入りたくないわいと、売り言葉に買い言葉になります。

させていただいているのでございますということでないと、私は介護は成立しないと思います。この私がさせていただいているという世界は、私を中心にしては出てきません。不思議なご縁、不思議なめぐり合わせで、私がそういう立場になって、それをさせていただいているということですね。それがまた今度は、立場を変えて、私もしてもらうことになるかもしれない。自分中心じゃなくて、もう一つ大きな世界から相手と自分とを同時に見ていく視点、それがさせていただく視点、させていただくという思いだろうと思うのです。そういう視点をもたないと、介護は決してうまくいかないと思います。

善い行ないであればあるほど、してやっていると思いたくなるのが人情ですが、善いことであればあるほど、させていただいているという思いがないと、それはみな災いのもとになっていく。ですから、善意というものほど災いにつながっていくものはないので、親鸞聖人が、善人は危ないぞ、善人よりも悪人のほうがお覚りに近い、とこうおっしゃるのであります。

そういう意味で、私たちが絶対の視点を失ってしまいますと、あとは力だけの争いになってしまう、そうあってはならないということを、私たちは教育の中にしっかりともたなければいけないと思っております。

宗教的訓育

そういう意味で宗教は、教育の中で人間を育て、人格を育てる上で非常に大事な要素であって、これを抜きにして教育をしても、ろくな人間に成らないというのが高楠順次郎《たかくすじゅんじろう》（仏教者・インド哲学者。東京帝国大学教授を経て武蔵野女子学院を創設し院長となる。武蔵野大学の学祖。一八六六－一九四五）先生のおっしゃっていることであり、特に成長期の、刺激に対して柔軟な時代にこそしっかりとそういう絶対的な世界にきちんと根拠を置いた高い倫理観をもった人間を育てるべきだということで、教育は「宗教的訓育《くんいく》」を中心に置くべきだと高楠先生はおっしゃっています。

人間の人生を三つの時期に分けて、学校で勉強する時代を「成る時代」、何者かになっていこうとする時代。社会に出ましたら「立つ時代」、自分が自立をしてきちんと社会に貢献していく時代。社会の第一線を退いたら「思う時代」、自分の人生を振り返って深く思う時代だと高楠先生はおっしゃっています。そして、後半の二つの時代も、「成る時代」にしっかりとした宗教的訓育を受けていないとよい時代にならないと書いてあります。

たとえば「思う時代」に入って自分の人生を振り返っても、わけがわからないで思ってしまう。深く自分の人生を掘り下げて思うことのできない人間になってしまうといいます。ですから、そういう意味で自分の人生を思うということは、それは深く思うことができるかどうかということです。自分の人生が本当に豊かなものであったかどうか。みなさま方も、自分の半生を振り返ってどれだけ深く掘り下げて物事を思うことができるか、感じることができるか。それは成長時代の教育の宗教的訓育がきちんと施されていなければいけないのです。

また、第一線で働くときの「立つ時代」においても、宗教的訓育を受けていない人は「小人閑居して不善をなす」で、悪いことをする人間になり下がってしまうと高楠先生はおっしゃっています。これも、社会において高い倫理性をもった人間として本当の仕事ができるかどうかということは宗教的訓育にかかっている、ということでございまして、武蔵野女子学院は、そういう創設者、学祖の心を頂いて、宗教的訓育をきちんと徹底して、そして社会において本当の意味で貢献のできる人を育てていきたいという伝統で今日まで来ております。

そろそろお孫さんが中学、高校、大学におこしの方もこの中にいらっしゃると思いますが、宗教的訓育がちゃんと施される学校にお入れになりませんと、どんなに能力がありましても、倫理的にお粗末な人間ができてしまいます。ろくでもないことをしたり、自分の人生を本当の意味で幸せな人生であったというふうに締めくくれない人間をつくってしまうことになるという意味で、よく考えなければいけないと思います。

【著者紹介】
田中教照（たなか きょうしょう）
武蔵野大学教授、武蔵野女子学院学院長。1947年山口県生まれ。東京大学大学院人文科学研究科インド哲学梵文学専攻博士課程修了、文学博士。主な著者に『親鸞の宗教』『初期仏教の修行道論』『お経－浄土真宗』（共著）等がある。

仏《ほとけ》は叫《さけ》んでいる

発行日………2008年2月25日　初版第1刷
著者…………田中教照
発行…………武蔵野大学出版会
〒202-8585　東京都西東京市新町1-1-20　武蔵野大学構内
Tel 042-468-3003　Fax 042-468-3004
印刷…………株式会社真興社
装幀…………田中眞一
組版…………釋 雲心

ISBN978-4-903281-07-0

武蔵野大学出版会ホームページ http://www.musashino-u.ac.jp/shuppan/